尖った子どもに育てなさい

激動の時代を生き抜く「強み」の見つけ方

東京大学名誉教授
北鎌倉女子学園学園長
柳沢幸雄

中央公論新社

はじめに

これからの時代に求められるのは「尖（とが）った人」です。

いままでの社会では、概（おおむ）ね平均点をとり、上の人の言うことをよく聞いて、まわりに歩調を合わせられる人が求められていました。しかし、これからの時代は大きく違います。

社会の流れに目を向けてみましょう。

平成の30年間で、駅で切符を切る人、エレベーターで行き先を案内する人、証券取引所で手のサインで売買をする人たちが姿を消しました。自動改札、自動運転、インターネット取引など、機械化が進んだからです。

２０１３年に発表されたオックスフォード大学の調査では、近い将来、現在ある仕事の約半分はＡＩやロボットの仕事になるのではないかという結果も出ています。

つまり、自分の考えを持たず、言われたことをきちんとこなすだけの平均点の人は、機械に仕事を奪われます。そして、能力にかたよりがあったとしても、「これだけは自信がある！」という強みがある武器を持つ**「尖った人」だけが生き残れる時代がそこまでやってきている**のです。

年功序列、終身雇用制度は崩壊の一途をたどっています。新型コロナの感染拡大によって、ますます先行きが見えない時代ですから、誰もが不安でいっぱいでしょう。

特に、お子さんを抱える親御さんからは、

「この先、どんな教育をすればいいのですか？」

「どんな子どもに育てれば、生き残れるのでしょうか？」

といった質問をよく受けます。そんなときに私は、

「平均的ではなく、何か一つでいいから、これだけは自信があるという武器を持った人、尖った子どもに育てるといいですよ」

と答えます。

するとまず、「私たち夫婦の子どもが、飛び抜けて優秀になれるとは思えません」「そういう特技を身につけられる子は、ほんの一握りでは？」といった答えが返ってくるのです。

とても残念に思います。なぜなら、すべての子には、その子が持っている才能があり、それを上手に伸ばしてやれば、誰もが強みがある「尖った人」になれるからです。

子どもが勉強嫌いになってしまったり、いろいろなことに自信を持てず、意欲的になれないのはなぜか。親の理想像を子どもに押しつけたり、型にはめようとしたり、勝手に目標を決めてそこを目指させるからではありませんか。もっとひどいのは、子どもが持っている才能を無視して、「どうせできっこない」「やっても無駄」と、全否定してしまう親でしょう。

ですから、もう一度、声を大きくして言います。

「すべての子どもは何らかの才能を持っており、それを上手に伸ばしてやれば、誰もが尖った人になれる。**『これだけは自信がある』という武器を持った人になれる**のです」

さらに、子どもの才能を伸ばすのは、親が髪を振り乱して頑張ることでも、何かを犠牲にすることでもありません。子育てを楽しみながら、おだやかな気持ちでできるのではないか……私はそう考えます。

この本の中では、そんなコツをわかりやすくお伝えします。きっと、「その程度のことなら、今日から始められる」と、ホッとするに違いありません。また、「意識していなかったけれど、自分はずっとやってきた」という方もいらっしゃるでしょう。

なぜなら、教育というのは決して難解なものではなく、本来、誰にでもでき、楽しいことなのです。それを難しくしているのは、社会や親の思い込みや勘違いにほかなりません。

昨今、ＩＣＴ教育、プログラミング教育、アクティブ・ラーニングといった、教育に関する横文字が増えてきました。そのため、「何かものすごく難しいことが始まった」「遅れをとらないように、特殊な習い事をさせなくてはならないのでは」と、不安になる親御さんが少なくありません。

しかし、これらの横文字を日本語に訳して、その内容と、なぜその教育が必要なのかを理解すれば、不安は簡単に解消されるでしょう。いいえ、それどころか、新しい教育方法にワクワクすることでしょう。一見とっつきにくいカタカナ語教育についても、本の中でわかりやすく紹介していきます。

私は、長い間、開成中学校・高等学校で教鞭を執ってきました。開成中学校・高等学校は東大合格者数日本一の学校なので、私の教育論が「東大を目指すような子どものためのもの」と勘違いされることもあります。

しかし、教育はすべての子どもが持つ権利であり、未知のことを知る喜びです。一部の子どもだけに当てはめるつもりは毛頭ありません。

本書は、子どもはもちろんのこと、親御さんや、子どもを育てるすべての人に役立つものだと自負しています。

どうぞ、お茶を飲みながらリラックスした気持ちでページをめくってください。誰もがすぐに実践でき、子育て、教育が楽しくなるはずです。

教育は、「蚕（かいこ）の繭玉（まゆだま）から糸を引き出す」のに似ています。引き出すのが遅すぎると糸はこんがらがってしまい、逆に早すぎると切れてしまいます。適切なときに、適切な力で引っ張り出すから美しい絹糸になるのです。

みなさんのお子さん一人ひとりは、美しい絹糸にも、尖った人になる可能性も秘めています。

そのためにぜひ、本書を役立てていただきたいと思います。

柳沢幸雄

尖った子どもに育てなさい

激動の時代を生き抜く「強み」の見つけ方

目次

第1章 実践 尖った子どもは「ほめて」育てる

41

ほめることは自信をつけること
叱って伸びるなら、世の中は全部良くなっています
叱る内容を、ほめるにチェンジしてみる
ほめる＝親の価値観を伝える
叱るのは、期待が大きくなるから
殴られなかった人は、子どもを殴らない
叱るのではなく、課題を与える
謙遜が子どもを傷つける
人と比べるからほめられない
評価するなら、その子の過去と現在です
親の子ども時代の記憶はあてにならない
思春期の子どもはどうほめる？

第2章 実践 子どもにどんどん話をさせよう

第**3**章

子どもの自立を目標にする

107

第4章 勉強嫌いにさせない親力

第5章

尖った子どもの勉強・受験

173

第6章

難しい年頃に対応する

尖った子どもに
育てなさい

激動の時代を生き抜く
「強み」の見つけ方

序章

これからは、尖った子どもの時代がやってくる

あなたのお子さんは、ダイヤモンドの原石です

「尖った子ども」とは何でしょうか。「これだけは自信がある！」「これなら自分にまかせて！」という、何かを持っている子のことです。

「尖った」という言葉から、「きつい」「反抗的」「鋭い」「相手を傷つける」などのネガティブなイメージが浮かんだ人もいるかもしれませんね。

しかし、ここでいう「尖った」とは、「突出した」「他より目立っている」「際立っている」というポジティブなイメージです。小さい子どもは、誰でも好奇心の塊(かたまり)です。ハイハイを始めた幼児は、手に触れるものを次から次に口に持って行って、何だろうと確かめます。

私はこの幼児の好奇心、誰でも持っていた好奇心、その好奇心が向かった先が、尖った自

分の原点だと思います。幼児の好奇心の対象は、成長の段階によって、また人によって違っています。つまり自分の記憶には残っていない幼児期には、人は誰でも個性的な尖った部分を持っていました。

詳しくは追って話しますが、これからの時代を生き残っていくのは、平均的に物事をこなす無難なタイプではありません。多少かたよりはあるかもしれないけれど、「**自分はこれで勝負だ！**」という、強みのある尖った部分を持っている子どもたちなのです。

しかし、親御さんにその話をすると、「うちは両親ともに凡人ですから、そういう子にはなれません」とか、「特別な子どもじゃないので、無縁の話です」などと、後ろ向きな答えが返ってくることが多く、とても残念です。

そこで私は、胸を張ってこう言います。

「すべての子どもは、何らかの特性や才能を持っているんですよ。それを上手に伸ばしてやれば、誰もが尖った人になれるんです」

「これだけは自信がある、という気持ちが武器になって、厳しい時代を力強く生き抜くことができるんです」と。

この本を開いてくださったみなさんは、今日から、目の前にいる我が子を、「どこにでもいる平凡な子」と思わず、磨けば輝くダイヤモンドの原石なのだと自信を持ってください。そして、誰もが持っている「その子なりの特性・才能」を見つけて、それが十分に伸びるように応援し、温かく見守ってほしいのです。教育の原点はそこにあると言っても過言ではありません。

子どもの特性を伸ばす教育は、親子で歯を食いしばって必死になるものでも、何かを犠牲にして耐え忍ぶものでもありません。ワクワクするような楽しい体験であり、親子の絆が深まる素晴らしい時間になるはずです。

ただ、その子なりの特性とひと口に言っても、イメージしにくいかもしれませんね。たとえば、こんなふうに捉えていただければよいと思います。

- その子が夢中になってやっていること
- それをやっているとき、とても楽しそうなこと
- そのことについて質問すると、嬉しそうに答えてくれること

・それについて話すとき、子どもの目が輝いていること

いつも子どものそばにいる親御さんなら、「もしかして、うちの子は○○が特性なのかな」「そういえば、△△をやっているとき、すごく集中していたわ」と、思い当たることがあるのではないでしょうか。

もし、「うちの子にはそんなものはないと思う」というなら、観察不足か、自分が見たい部分しか見ようとしていないのではないでしょうか。これでは、せっかくの才能も埋もれてホコリをかぶってしまいます。

もう一度、まっさらな気持ちで、子どもを観察してみてください。「この子の特性は、これなのか！」と、ハッとする瞬間が必ずあるはずです。

子どもたちは、自分の中にある特性や才能を、どのように使えばいいのかわかっていません。だからこそ、**親の対応によって、尖った才能として頭角を現すか、いつの間にか埋没してしまうか、道が分かれてしまう**のです。

役に立つ、役に立たないで判断しないで

大人というのは身勝手なもので、「子どもを観察して、特性や才能を伸ばしてあげてください」と言うと、将来、役に立ちそうな特性については一生懸命に応援しますが、そうでないと興味を示さないことが多いのです。

たとえば、計算が好きな子どもがいたとしましょう。

大人は「計算が得意ということは、将来は理系に進むかもしれない」「これは、算数の点数は期待できるぞ」などと考え、喜々として計算ドリルを与えるものです。それで子どもが楽しんで問題を解くのならけっこう、その対応は正解です。

では、庭にしゃがんで、植物や昆虫をじーっと眺めるのが好きな子どもの場合はどうでしょうか。

ほとんどの大人は、「そんなことより、体を動かさないと」「お友だちと遊んだら？」「ぼーっとしてないで、少しは勉強しなさい」などと注意するかもしれません。

なぜなら、計算はいかにも役立つ特性ですが、植物や昆虫をじーっと見ているのは、将来役立つ感じがしないからです。

しかし、日本の植物分類学の基礎を築いた牧野富太郎博士も、『昆虫記』で有名なファーブル博士も、子ども時代は、飽きることなく植物や昆虫を観察していました。周囲から呆れられ、変わり者扱いされたようですが、自分の好きなことをずっと大切にし続けたことで、歴史に名を残す学者となったのです。

まさに、「**好きこそ物の上手なれ**」の代表選手と言ってもいいでしょう。

もちろん、その子の特性や才能だと思っていたことが、ある日突然、変わることもあります。

たとえば、ついこの前までは何時間でも絵を描いていたのに、友だちがサッカーを始めたら、自分もそちらに夢中になってしまい、画用紙など見向きもしなくなるといったことも、子どもにはよくあることです。

それは単に興味が移り変わっただけで、それだけ好奇心が旺盛ということ。そして、好奇心こそが学習の基本です。

親は、「今度はこれが楽しいんだな」「この子には、こんな特性もあったのか」と、見守ってやればいいだけです。

また、子どもの持っている特性が、役に立つか立たないかの価値観も、時代によって大きく変わります。

ひと昔前は、コンピュータゲームがうまいことなど、極端な話、百害あって一利なしと思われ、それが将来役に立つと考えた人などいなかったはずです。

しかし、現在はｅスポーツ（electronic sports の略、コンピュータゲームをスポーツ競技として考える際の名称）というジャンルが確立し、年収が一億円を超えるプロゲーマーも登場しています。

超がいくつも付くほどずばぬけてゲームがうまければ、それが職業になってしまう場合もあるのです（ゲームについては、多くの親の悩みの種でもあるので、没頭しすぎについては、別のページで詳しくお話しします）。

また、クラスのお調子者的な存在だった子が、また、手芸が大好きだった子が、あるいは、おしゃれが得意な子、体を鍛えるのが趣味の子が、人気ユーチューバーとして、生計を立てるケースもあります。

時代はめまぐるしく変わり、「何が将来、役に立つか」は、誰もわからないのです。

だからこそ、**親の判断で、「そんなことはやっても役に立たない」などと思わず、とりあえずは、子どもが夢中になってやっていることを見守ってみよう**ではありませんか。

たとえ、興味が移り変わってしまったとしても、集中して何かをやっていた、好きなことを楽しんでやったという経験はとても大切です。なぜなら、子どもの心と頭の栄養となり、健全な成長に大いに役立つのですから。

平均的な子は安心？

質問です。
あなたが親なら、①と②、どちらの子どもの方が望ましいですか。

①すべての教科が平均点。個性は強くないが、まわりと調和する子。
②教科の成績にばらつきが大きい。個性的で自己主張が強い子。

日本の場合、圧倒的に①を選ぶ親御さんが多いでしょう。なぜなら、「みんなと同じ」だと安心できるからです。

少し話はそれますが、「沈没船ジョーク」という小ばなしをご存じですか。かなりステレオタイプな話ですが、面白半分で聞いてください。

あるとき、さまざまな国の人が乗り合わせた船が座礁しました。船長は乗客をスムーズに海に飛び込ませるよう、説得しなくてはなりません。

「だが、説得といっても、それぞれお国柄があるからなぁ」。そこで船長は知恵を絞って、国別に言葉を変えて対応しました。

アメリカ人に対しては「あなたが飛び込めばヒーローになれますよ」

イギリス人に対しては「あなた、飛び込むのが紳士というものですよ」

イタリア人に対しては「あなたが飛び込めば女性にモテますよ」

ドイツ人に対しては「あなた、飛び込むのがこちらの規則です」

その国の人たちが大切にしている価値観を、うまく表しているようですね。では、船長は日本人に対して何と声をかけたでしょう。その答えは、

「あなた、みんな飛び込んでますよ」

なるほど！　と、膝を打つ答えだと思いませんか。

それだけ日本人というのは、周囲と同調しなければいけない、みんなと違ってはいけないという意識が強いというわけです。

最初の質問に戻りますが、多くの親が①を選ぶのは、成績にばらつきがあって、自己主張が強い個性的な子より、平均的で協調性のある子の方が何かと安心だからでしょう。悪目立ちするくらいなら、平々凡々の方がいい。そんなところかもしれません。

たしかに、終身雇用、年功序列の制度が機能していた時代には、平均的な成績で協調性のある人が求められました。そういう人の方が、どの職場に行ってもそれなりにうまくやってくれるからです。

しかし現代は、長引く不況の上に世界中で感染症が蔓延。大手企業でさえ存続の危機に瀕し、誰もがいつ職を失うか、戦々恐々とする時代です。

そんななかで、「私はどんな場所でもそれなりに働けますよ」などと言う人が生き残れるでしょうか。

それなりの仕事なら、代わりのコマはいくらでもいます。なにしろ、平均的な人は最も人数が多いわけですから、差し替えればすむだけではありませんか。

しかし、「これだけは、あの人に任せたい」「この仕事に関しては、あの人に頼まないとダメだ」というようなスペシャリティがあれば違います。

オールマイティーではなくても、ある意味、オンリーワンの存在なので、しっかり生き残れるというわけです。

だからこそ、これからの時代は、尖った子どもに育てることが大事になるのではないでしょうか。

好きなことをやらせると、大きなオマケがついてくる

私は常々、「お子さんの得意なことを見極めて引き出しましょう」「見守り、応援してあげましょう」と話しています。しかし、すべての親御さんがそれを素直に受け止めてくれるわけではありません。

「先生、そんなこと言っていたら、好きなことしかやらない子に育ちませんか」

「苦手なことだからこそ、頑張ってやらせるのが親というものではないでしょうか」

そんなふうにおっしゃる方は少なくありません。

世の中は、好きなことだけをしては生きていけないのだから、苦手なことだって頑張って克服すべきではないか、という主張です。

たぶん、ほとんどの人がこうした思いを持っていると感じています。

では、ちょっと違う角度から、「好きなこと」について考えてみましょうか。

たとえば、料理が好きな人は、料理番組を見たり、おいしい料理を食べたときにワクワクしますね。「自分も作ってみたい！」と思うのでしょう。そして、実際に作ってみると、すぐ自分のものにすることができます。

しかし、料理が好きではない人はどうでしょう。同じように作ってみたとしても、嫌ですから、あまり上手にできませんし、なかなか身につかないでしょう。

また、知らない人と会って話したり、誰かの喜ぶ顔を見るのが好きな人が、サービス業についたとします。すると、仕事が楽しいので長く続けることができ、さらにサービスに磨きをかけていきます。

ところが、人見知りが強かったり、話すのが得意ではない人がサービス業に従事したらどうでしょう。毎日ストレス続きで、頑張って続けてもなかなか慣れず、病気になってしまうかもしれません。

つまり、家族のためとか、お金になるからといっても、好きではないことをやり続けるのは苦痛であり、身につかないのです。

親御さんが最も気になる、子どもの勉強に関しても同じです。

好きな教科は喜んで学習に取り組み、成績も伸びやすいのですが、苦手な教科を無理してやらせても結果は出せず、場合によっては、勉強全般が嫌いになってしまうケースもあります。

だから、その子が好きなことを伸ばしてやるのに力を注いだ方が、効率がいいわけです。

また、不思議なもので、好きなことを十分に伸ばして、「これだけはまかせて！」「〇〇に関しては誰にも負けない」という自信が持てるようになると、苦手意識があるものもそれに引っ張られて、次第にできるようになります。

「**好きなことを伸ばしてやると、大きなオマケがついてくる**」というのが、それです。

嫌いなことを好きにさせるには大きなエネルギーが必要です。そして、親が必死になればなるほど、子どもはストレスを感じて、親子関係が悪くなりがちです。

でも、好きなことをもっと好きにさせるのなら、お互いに楽しい気持ちでできるでしょう。そのうえ、苦手意識のあるものも結果的に引っ張られて伸びるのなら、その方がずっといいと思いませんか。

「好きなことを伸ばして子どもに自信がつけば苦手なことにも怖がらず触れることができるようになる」

このことをぜひ、覚えておいてください。

尖った才能は、大学選びにも大いに役立つ

高校生に将来の話をする際に、私はこんなふうに話します。

「君たちのお父さんやお母さんは、きっと、自分の好きなことを仕事にしているはずだよ」

私がなぜそう思うのか。

それは、誰でも自分の特性に合っていたり、才能が生きるような仕事を選びますし、そういう仕事でなければ長続きはしないからです。

でも、「私は自分の好きな仕事をしていない」「好きなことを仕事にできるほど、世の中は甘くない」と思われる方もいるかもしれませんね。

たしかに、子どもの頃にサッカー選手になりたい、キャビンアテンダントになりたいと思っていても、それが叶う人は少ないでしょう。しかし、続いている仕事には、必ず「好き」の要素が入っているはずなのです。

今やっている仕事で喜びを感じるときがあると思いますが、それはみなさんの「好き」だったり、「自信のある部分」と合致しているのではないでしょうか。

だからこそ、私は、進路について相談を受けたときには、

「将来、自分の好きなことに関する仕事を連想して、それに役立つ大学を選ぶといいよ」

と、アドバイスしています。

実は「好きな仕事を連想して」ではなく、「好きなことに関する仕事」という部分が重要なポイントです。

たとえば、病気やケガをした人を治したり助ける仕事をしたいと思う子なら、医学部に入って医者になるという道を考えがちです。しかし、これは非常に狭き門です。

ところが、医療に関する仕事全般と考えれば、選択肢はぐんと広がります。

看護師、放射線技師、理学療法士、言語聴覚士、臨床検査技師、作業療法士、薬剤師……。もっと広い意味で考えれば、医療用器具の開発、義肢装具士、さらに医療ソーシャルワーカーや管理栄養士、医療専門のジャーナリストなども、病気やケガを治すために役立つ仕事です。

ちょっと視点を変えれば、自分の「好き」や「得意」を生かせる仕事はたくさんあることに気づきますね。

「仕事はお金をもらうものなんだから、好きかどうかなんて、甘いことを言っていたらダメ」と考える人もいますが、それは違います。

勉強でも仕事でも、好きだからこそ頑張れますし、長続きします。あえて頑張る気が起きにくい、すぐに辞めたくなる仕事を選ぶ必要などないでしょう。

昨今は、「大学進学はするつもりだけど、正直、何をしたいかわからない」「とりあえず大学に入ったら、何か好きなものが見つかるかもしれない」というタイプの子が増えています。決して安くないお金と、何年という長い時間をかけて通うのに、これではあまりにもったいないでしょう。

一般的に、「何をしたいかわからない」という子どもの多くは、「自分にはこれが強みだ！」という、尖った部分が見えにくく、もちろん、自分でもわからないようなのです。

だからこそ、特性や好きなこと、やりたいことを自覚できるように、**親は子どもの「好き」を小さい頃から伸ばし、自信を持たせてやることが肝心でしょう。**

家庭で勉強嫌いにしないで！

私は、２０１１年から約９年間、開成中学・高校の校長を勤め、２０２０年に北鎌倉女子学園の学園長となりました。また、ハーバード大学、東京大学でも教鞭を執っています。そういう意味で、生徒の中学入学時点の能力、あるいは評価されている状況というのは非常に幅広いものを経験しています。

多くの生徒、学生と接する中で、彼ら・彼女らの知識に対する対応の仕方というのは、大きく４つに分けられると思います。

①知識そのもので競うことを最大の喜びとするグループ

たとえば、成績がわずか０・１点差であっても自分の方が勝っていることにこだわり、喜びを感じるグループで、このタイプは、マサチューセッツ工科大学やハーバード大学の新入生に多いものです。

別の分野で話すと、クイズで夢中になっているような状態でしょう。たとえ答えがわかっていなくても、瞬間的に早押しして、とりあえず押してから考えるというような戦略をとったりします。

このように競うことを最大の喜びとする集団なのですが、これは本当に少数です。

②理解したこと、知識が身についたことに喜びを感じるグループ

日本のトップクラスと呼ばれる進学校で、自由な環境で学んでいる生徒たちがこれにあたります。

たとえば、開成中学・高校では、授業中に理解できたときには「あぁ、そういうことか！」と声が上がり、「これは、○○じゃないのか？」などと自分の考えをどんどん発言します。この集団がやはり少数います。

③知識というのは何かの役に立つから学ぶというグループ

競うことに喜びを感じるのと、知識が身につくことに喜びを感じるのは、本当に少数で、残りの約95％はほぼ、このグループに所属します。

そして、このグループも2つに分けられます。

A　理解できれば面白いと感じるタイプ

このタイプは、勉強の面白みがわかるので学力が伸びます。

B　やったところでたかがしれていると感じているタイプ

このタイプは、「どうせ自分なんて」「やっても無駄」と、悟りすましています。

④勉強と聞くだけで寒気がするグループ

勉強に対してトラウマがあり、拒絶反応を示すタイプです。

わかりやすく分けると、このように分類できるのですが、学校ができる教育の中で、最も引き上げられるのが、最も数の多い③のグループで、なおかつ、「どうせ自分なんて……」と、やる前からあきらめてしまっているタイプです。

この③のグループのBタイプの場合、心の枠を外してやることが大事になってきます。

そして、④の勉強に対してトラウマがあるようなタイプは、学校ではどうにも対応しきれません。厳しい言い方ですが、勉強に対してトラウマを持たせてしまうのは、親の責任なのです。

だからこそ、家庭で勉強嫌いにならないよう、そこだけは十分に注意してほしいと思います。**実は、「この子の将来のため」と思いながら、どんどん勉強嫌いに追い込んでいく親御さんもいるのが現実です。**

その点についても、後に詳しく説明しますので、ご自身の子育てにぜひ照らし合わせてみてください。

第1章

実践
尖った子どもは「ほめて」育てる

ほめることは自信をつけること

尖った子とは、自信を持っている子です。そして、子どもは親からほめられることで自信を持ちます。

つまり、強みのある尖った子どもを伸ばすカギは、とにかく親の「ほめ力」にかかっているということでしょう。

私が「ほめる」ことの大切さに気づいたのは、アメリカのハーバード大学で講義をしていたときのことでした。

アメリカの授業ではディスカッションが多く取り入れられていて、当然、学生たちの発言の機会は多いのですが、それにしても、みんな積極的に発言をします。それも、自信を持って堂々と。たとえ答えが間違っていたとしてもです。

一方、日本の学生はどうでしょうか。幼稚園や小学校低学年の頃は活発に発言した子どもも、中学年、高学年と次第に発言が減っていき、中学校、高校になると、自ら進んで意見を言う生徒はほとんどいません。

もちろん、大学でも同じです。質問すると学生は、質問をした私を見ずに、まず周りを見回します。指名されて答える場合でも、いかにも自信がなさそうなのです。

アメリカと日本の違いは何なのか。それを考えたとき、私は子育ての仕方に理由があると思いました。

日本はどちらかといえば、「叱って育てる」というタイプの親御さんが多いのですが、アメリカは逆で、「ほめて」育てます。

私がハーバード大学に呼ばれたのは37歳のとき。妻と２人の子どもを連れてアメリカに移住し、フルタイム、ハーフタイム含めて18年間にわたって生活したので、「ほめて育てる」アメリカの教育には大いに影響を受けました。

子どもに限らず、アメリカでは、ほめることが日常に溶け込んでいます。

たとえば、職場や近所の人が気軽に、「髪を切ったのね、似合っているわ」「クール（かっこいい）だね！」などと言ってくれますし、まったく見知らぬ人から「君のジャケット、とてもいいねぇ」などと、ほめられることもあります。

仕事で成功したときには、

「I am so proud of you!（私はあなたを誇りに思う）」

のように、非常に盛大にほめてくれます。

日本の日常生活では、「誇り」などという表現は滅多に使うことがありませんが、アメリカでは「すごいな！」「尊敬するわ」くらいのニュアンスで用いられるのです。

そんな具合ですから、アメリカには、さまざまな「ほめる」表現が存在します。

「Good（いいね）」「very good（とってもいい！）」「excellent（見事だ）」「great（すごい）」「amazing（驚くほど良い）」「perfect（完璧だ）」「fantastic（素晴らしい）」「incredible（信じられない〈良い意味で〉）。そのほかにも、「superb」「brilliant」などがあります。

一方、けなす言葉は「poor」くらいで、他にはほとんどありません。

そして、子どもの良いところを見つけては、これらの言葉を使って、どんどんほめるのです。大好きな親からほめられるのですから、子どもは嬉しそうです。

そうした積み重ねの中で、「自分は愛されている」「自分は認められている」「いつも見守られている」と感じ、確実に自信をつけていきます。だから、積極的に発言できる子に育つわけです。

叱って伸びるなら、世の中は全部良くなっています

私は、子どもをほめて育てることを推奨していますが、親御さんの中には、抵抗感を示す人もいます。

「子どもは叱って育てるべきだ」「子どものうちに何が悪いことかを教えるべきだ」という考えが根底にあるのでしょう。

その証拠に、「子どもはどうやって叱ればいいですか」「上手な叱り方を教えてください」という質問がとても多いのです。

では、叱られる立場になって考えてみましょう。

あなたは子ども時代、親から叱られて、素直に反省できましたか。嬉しい気持ちで親の言う通りにしたでしょうか。

また、「もっと○○しなさい！」「△△しなくちゃダメでしょ！」と注意されて、俄然やる気が湧いたでしょうか。

さらに、会社で上司に叱られるたびに、どんどん成績が上がったでしょうか。

もうおわかりかと思いますが、答えは「ＮＯ」です。

叱られることで何かが改善したり、実力が伸びるのなら、世の中はとっくに良くなっているはずです。

もちろん、子どもがやってはいけないことをしたとき、特に命に関わることや、大ケガをするような危険な行為をしたときには、しっかり注意して、なぜそれをやってはいけないのかを伝えます。

でも、子どもにやってほしいことを伝える際には、「叱る」ではなく「ほめる」方が確実に効果があるのです。

叱る内容を、ほめるにチェンジしてみる

子どもを叱るのも、ほめるのも、親の思っていることを伝えるという意味では同じでしょう。

たとえば、子どもが漢字の書き取りをしていたとします。ちょっと雑な書き方だと感じられれば、親はそれを口にしたくなりますね。

そのときに、

「ダメダメ、書き方が雑。もっときれいに書きなさい」と話すのと、

「上手に書けたね。もう少しゆっくり丁寧に書くと、もっときれいな字になるよ」

と言うのを比べてみてください。

どちらも「もっときれいに書くべきだ」というアドバイスです。しかし、聞いている子どもの気持ちはまったく違うでしょう。

特に、本人はきれいに書いたつもりだったのに、頭ごなしに「ダメダメ」と言われたら、ショックを受けてしまいます。叱られるのが嫌で書き直すかもしれませんが、それでどんどんうまくなることはありません。それどころか、「自分は字が下手なんだ」と自信を失い、書き取り自体に苦手意識が植え付けられる場合もあります。

親は、上手に書けるようになってほしくて話しているのに、叱ることで逆効果になってしまうケースは、決して珍しくないのです。

一方、まずは「上手に書けたね」とほめたうえで、さらに良くなるためのアドバイスがあったとすれば、子どもは嬉しくなって、「よし、次はもっと頑張ろう」と前向きな気持ちで書き取りをします。もっともっとほめてもらいたいので、積極的に取り組み、確実に実力をつけていきます。

そして、字を書くのが楽しくなり、さらには「自分は字を書くのが得意なんだ」という自信が生まれるでしょう。

その自信こそが、まさに、その子の「尖った部分」になるのです。

ほめる＝親の価値観を伝える

たとえば、子どもが上手に片付けできたときに、「きれいに片付けられたね、偉かったね」とほめますね。

また、すすんで手伝いをしてくれたときには、「手伝ってくれてありがとう、お母さん、嬉しいな」などと、ほめることがあります。

すると、子どもは自然に、片付けするのはいいことなんだ、お手伝いするのは喜ばれるんだ、と感じます。

つまり、ほめることは、親の価値観、親が望ましいと思っていることを子どもに伝えているのと同じなのです。

もし、片付けをしても手伝いをしても、親が無反応だったらどうでしょうか。また、「なんで、もっと上手にできないの?」などとけなされてしまえば、親のこうあってほしいという思いは子どもに伝わらず、寂しさや、つらい思いだけが残ってしまいます。

「親がやってほしいと思うことは、ほめて伝える」

これを覚えるだけで、子育てはぐんと楽しくなります。そして、親子の関係性は良好になるでしょう。

ただし、価値観を伝える際には、言葉の選び方に注意が必要です。

もし、子どもがテストで満点を取ってきたとしましょう。あなたなら、何とほめますか。

A「100点取れて、偉かったね!」

B「100点取るなんて、頑張ったんだね。偉かったね」

似たような表現に見えますが、実は大きな差があります。

Aは「100点取れたこと自体」の評価。つまり、結果に対しての評価です。

一方のBは「100点を取るために努力したこと」ですから、過程に対する評価です。

Aのようなほめ方をしていると、結果を出せなかったときに、子どもは自信を失ってしまいます。

Bのほめ方なら、「努力することは良いことだ」という価値観が子どもに伝わります。過程である頑張りをほめられれば、結果がどうであれ、子どもにとっては励みになるのです。

叱るのは、期待が大きくなるから

「日本人はほめるのが苦手」などと評されることがありますが、果たしてそうでしょうか。

少なくとも、子育てを経験した人であれば、みんな「ほめ上手」だと私は思うのです。

というのも、子どもが赤ちゃんの頃は、誰でもほめ言葉をシャワーのように浴びせているからです。

どうですか。子どもが生まれた頃を思い出してみましょう。

ミルクを飲めば「たくさん飲めて偉かったね」とほっぺをつつき、寝返りを打てば、「寝返りが打てるようになったんだ！　すごいすごい」と、手を叩いて喜んだのではありませんか。

ハイハイ、つかまり立ち、物をつかむ、あらゆる動作ができるたびに「上手上手！」とほめちぎっていたのではないでしょうか。

赤ちゃんに対して、「ハイハイの仕方が下手ね。腕をもっと前に出してテンポ良く！」とか、「つかまり立ちをするときは、ちゃんと足に力を入れなきゃダメでしょ！」などと注意する人はいません。何をしても笑顔で見守っていたでしょう。

赤ちゃんは、親の嬉しそうな顔やほめ言葉をちゃんと感じ取って、それに応えて成長していきます。言葉の内容を理解しているわけではありませんが、「自分は愛されている」「自分は受け入れられている」ということはわかるのです。

そして、親のそうした態度が、赤ちゃんの心に安心感と自信を芽生えさせます。

「ほめる・ほめられる」の関係が健全な成長につながることを、お互いが本能的にわかっているので、**赤ちゃんは無意識にほめられるような行動をし、親は無条件にほめるわけです。**

ところが、子どもの成長に反比例して、ほめる回数は減っていくのが普通です。成長すればするほど、できることが増えているのに、ほめなくなってしまうのはなぜだかわかりますか。それは、成長と共に親の期待が上がっていくからです。

赤ちゃんには、元気に育つ以外は望んでいないので、食べたり動いたりという、生きるのに必要なことができるだけで、大いにほめていました。

しかし、成長と共にそうしたことは当たり前になってしまい、もっと理性や知性を要求するようになります。

赤ちゃんなら、病院の待合室で泣かないだけでほめられたのに、子どもになると、ちょっとぐずるだけで、「ぐずぐず言わないで、おとなしく待ってなさい！」と叱られてしまいます。

日常的に、「親の言うことにちゃんと従う」「言われる前にやる」「進んで勉強する」など、求められることが増えるたびに、叱られるシーンも増えるわけです。

やってはいけないこと、非常に危険なことをした場合はしっかり叱らなければなりませんが、それ以外で叱られてばかりいると、子どもはどんどん自信を失っていきます。

だからこそ、折に触れて、子どもが赤ちゃんだった頃を思い出してください。「親の笑顔とほめ言葉」は、子どもに何よりの安心感と自信を与えるのです。

そして、安心感と自信こそが、その子の尖った部分を育てるのですから。

殴られなかった人は、子どもを殴らない

昨今、親から虐待を受けて子どもの命が奪われるような痛ましい事件があります。また、数は減っていますが、学校の部活動での体罰問題はなかなかなくなりません。

虐待をする親や体罰を行う教師やコーチは、その理由を「しつけのため」「その子のた

め」「実力を伸ばすため」などと話します。

これは、嘘や言い訳ではなく、本当にそう考えているのだと思います。

また、虐待や体罰の理由を、「自分もそうやって育てられてきた」と話すケースも少なくありません。

しかし、自分が体罰を受けていたのは、つらい経験だったはずです。やめてほしかったはずなのです。

それなのに、暴力を振るうという行為を客観的に考えられず、ただ自分がされたから子どもにも……ということが許されるわけがないでしょう。

そして、親から一度も殴られたことのない人が、しつけのために我が子を殴るというケースを、私はいまだかつて聞いたことがありません。良きにつけ悪しきにつけ、親は自分が受けた教育を原体験として、踏襲しがちです。

また、体罰に関しては、「しつけのためなら多少は仕方ない」と容認する人が少なからず存在します。もしかしたら、その人に限っては、体罰を受けたことが何かしら良い方向になったのかもしれません。

しかし、自分がそうだったからといって、他の子どもにそのまま当てはめるのは短絡的であり、とても危険でしょう。

「小さいうちは動物と一緒。叩いてでも教え込むべきだ」などと主張する人も希(まれ)にいますが、言語道断です。そんなことはあり得ません。

子どもは、ほめることで伸びるのです。強弱に関係なく、暴力は絶対に良い結果を生みません。

叱るのではなく、課題を与える

ほめて育てるのが良いといっても、何でもかんでもほめてしまうと、かえって、やる気の芽をつんでしまいます。また、子育ての中では、叱ることをゼロにするのは至難の業です。

そこで、**叱ることを「課題を与える」に転換してみるといいでしょう。**

たとえば、お父さんと子どもがキャッチボールしている様子を思い浮かべてください。無言でキャッチボールする人はいませんから、

「よし、いいぞ〜」「ナイスボール！」「ストライク！」

などと声をかけながら、楽しくやるはずです。そんな中で、ちょっとプラスして、

「もっと、腕を伸ばして」「肩の力を抜いてごらん」「目線はまっすぐ」

などと、アドバイスを与えます。これが「課題」というわけです。

もし、「もっと腕を伸ばさなきゃダメじゃないか」「肩の力が入り過ぎてるから球が曲がるんだよ」「こらこら、目線が下がってるぞ！」と強い口調で言ったら、楽しい雰囲気は一気にダウンするでしょう。これが「叱る」です。

同じことを伝えるのなら、やる気が出るように伝える方が効果的です。

では、次は、３つのパターンで考えてみましょう。お母さんが厚紙をカッターで切る方法を子どもに教えることになったと仮定してください。

１人目のお母さんは、「刃物を持たせるなんて危険よ」と、そもそも、カッターを持つこ

とを禁じました。

2人目のお母さんは、子どもがやるのを隣で見ながら、「どうしてまっすぐ切れないの」「もっと、力を入れなきゃダメだって」「本当に不器用ね」と言いました。

3人目のお母さんは、まず、自分で厚紙を切るお手本を見せました。その際に、「カッターの刃はこれくらい出して」「左手で紙をしっかり押さえて」「ゆっくり手前に引いて」と、動作に合わせて安全な使い方を説明しました。

次に、子どもの手に自分の手を添えながら一緒に紙を切り、何度かそれを繰り返したあとに、「じゃあ、今度はひとりでやってみる?」と聞き、子どもがやってみたいと言ったので、ひとりでやらせました。

もちろん、はじめは上手にできませんが、「そうそう、あせらなくていいからね」「うん、上手になってきたよ」と決して否定せずに見守ります。

こうして、うまくできたとき、

「すごいね!　頑張ったから上手にできたんだね」

「お父さんが帰ってきたら、上手に切れたって教えてあげようね」

と、ほめてやりました。

この３つのパターンで、子どものやる気と自信を生み出すのは、もちろん、３人目のお母さんのやり方です。子どもは「親から認められた」と自己評価し、さらにもっと高度なことや、違うことにもチャレンジしようと意欲が湧きます。

２人目の子どもは、初めてチャレンジしたことを否定されたので、苦手意識が生まれてしまい、好んで新しいことに挑戦しなくなります。

１人目の子どもは、そもそも経験さえさせてもらえないので、自信の生まれようもありません。

残念なことに、日本では１人目、２人目のような子育てが多いように思います。

３人目のお母さんのやり方は、たしかに時間がかかります。でも、いったん子どもができるようになれば、あとはひとりでやってくれるのですから、結果的には楽ができるのです。

尖った子どもを育てるのは、こうした子育ての方法と考えてください。

謙遜が子どもを傷つける

恋人同士がいます。もし、おつき合いしている相手が人前で自分のことを、こんなふうに言ったらどうでしょうか。

「オレの彼女、料理が下手で困っちゃうよ」

「私の彼、全然気が利かないのよ。どうにかならないかしら」

たぶん、大げんかに発展するか、深く傷ついて別れるようになるでしょう。たとえそれが謙遜であったと説明されても、到底納得できないはずです。

しかし、親子ではこういうことがよく起こります。たとえば、お母さん同士の立ち話では、子どもがそばにいるのに、

「うちの子、勉強ができなくて困っちゃう」

「うちの子なんて、何をやらせても不器用で」

また、親戚などの集まりがあったとき、せっかく相手が子どものことをほめてくれたのに、「いやいや、全然ダメなんですよ。こいつには手を焼いてます」などと口にすることです。

ほとんどの場合、本気で話しているわけではありません。謙遜であったり、相手に「そんなことないでしょう」と否定してほしくて言っているのでしょう。また、我が子をけなすくらいの方が、人づき合いに波風が立たないと思っているのかもしれません。

しかし、子どもからすれば、どうでしょうか。非常にショックなことです。人づき合いにおける裏と表の顔など知りませんから、なおさらでしょう。

大好きな人（親）が自分のことをそんなふうに思っているなんて、恋人のときと同じように、いやそれ以上に、傷つけられるのです。

謙遜の文化が根付いた日本では、我が子を自慢するのは難しいかもしれません。でも、せめて、**子どもの前で我が子をけなすことだけはやめましょう。**

少しでも自信をつけさせるのが肝心なこの時期なのに、それを奪うようなことをしてはいけません。

「ダメな子」と言われ続けて育った子と、「いい子だね」と言われ続けて育った子では、将来、自信や自己肯定感の持ち方に大きな差が出ることは想像できるでしょう。

人と比べるからほめられない

ほめて育てる大切さは理解しても、どうやってほめていいのかわからない。あるいは、ほめるところが見つからないという親御さんが一定数います。

そんなとき、私はこう尋ねることにしています。

「お子さんはまだ、おむつをしてミルクを飲んでいるのですか？」

この問いかけの意味、みなさんはおわかりでしょうか。

子どもは日々、めまぐるしく変化していきます。体が大きくなったり、しっかりしたり、またできることが増えたり、ちょっと悪いことも覚えたり……。

それらをひっくるめて、その子が成長しているということです。そうした成長に目を向ければ、ほめるポイントなどいくらでもあると思いませんか。

それでも「どこをほめていいのかわからない」「ほめるところが見つからない」という場合、もしかして、我が子と他の子を比べて、優劣をつけているのではないでしょうか。だから、ほめられないのです。

具体的には、「去年よりは足が速くなったけれど、クラスの他の子に比べたら全然かなわない」とか、「テストの点数は少しずつ上がってきたけれど、幼なじみの○○君と比べたら全然ダメだ」というような相対的なものの見方です。

相対的とは、何かの比較の上に成り立つ様子や評価のこと。ですから、比較対象が何なのかによって、評価が大きく変わります。

例をあげるなら、地元では知らない人がいないほどサッカーが上手な子がいたとします。その子は、地元でプレイしているときは、たいへんなスター選手です。

でも、彼が、全国から優秀な選手が集まるような強豪チームに入ったらどうでしょうか。ベンチ入りはおろか、補欠にもなれないかもしれません。

その子の実力自体はどこにいても変わりがないのに、この強豪チームでの相対的な評価では、「他の子より劣っている」となってしまうわけです。

もちろん、その逆もあるでしょう。落ちこぼれだと思っていた子が、転校したらいきなり「優秀な子」という評価になるケースもあります。

つまり、たまたま同じ地域に住んでいる子どもや幼なじみを比較対象にして、我が子のことを優れているとか、劣っていると評価するのは意味がありません。比較対象が変われば、評価も簡単に変わってしまうからです。

さらに、小学生くらいだと女の子の方が成長のスピードが速く、男の子の方が何かと遅れて見えがちです。時がくれば必ず解消されるのですが、目の前の状態だけしか見ないと、つい「うちの子は……」となってしまうのではないでしょうか。

さらに、ほめるポイントを親が限定している場合もあります。

具体的には、「運動会で1位になった」「何かの選手や代表に選ばれた」「読書感想文で最優秀賞を受賞した」といった、スペシャルなことです。

しかし、そんなことはたびたびは起きませんし、前にも話しましたが、結果だけをほめるのはあまり好ましくありません。

ほめることは子どもに自分の価値観を伝えることですから、結果ばかりに目を向けると、「お父さんやお母さんは、結果を出せないと認めてくれない」という思いを、子どもの心に植え付けてしまいます。

教育はビジネスとは違います。だから、結果に重きを置くのは、子どものためにならないのです。

評価するなら、その子の過去と現在です

「ベイビーステップ」という言葉があります。直訳すると、赤ちゃんのよちよち歩きといったところでしょうか。どんなに小さくても、ほんの一歩でも前に進むという意味でも使われ

ます。

子どもをほめるには、そのような「小さな一歩」に注目すればいいのです。

　折り紙をするとき、はじめから鶴が折れる子など存在しません。まずは折り紙を半分に折るところからのスタートです。それも、角と角をきちんと合わせるまでには時間がかかります。細かい作業が苦手な子の場合は、「とりあえず半分になっていればいいかな」程度の、おおざっぱな折り方になるかもしれません。

しかし、その子のやっていることをきちんと観察していると、必ず進歩が見られるはずなのです。

子どもの成長を過去と現在で比較し、評価すること。時間軸の前後で見てやること。私はそれを、「垂直比較」と呼んでいます。

他の子と比べるのではなく、身長が上に向かって伸びるように、その子自身の中での成長の比較です。子育てには、親御さんがこの視点を持つことがとても重要になってきます。

そして、垂直比較は、我が子の生命力を見ることに通じます。

親は先のことばかりに目が行ってしまいますが、その子の1か月前、3か月前、半年、1

年前のことを思い出してください。あらためて、その成長に驚かされるのではないでしょうか。

それに気づいたときには、「前より○○がずっと上手になったね」「こんなに早く○○ができるようになったんだ、すごいね」と、ちゃんと言葉に出してほめてあげてほしいのです。

大人だって、「そんなことくらい、できて当たり前でしょ」と見て見ぬふりをされたら、やる気も自信もなくすのではありませんか。

また、垂直比較には、その子の個性、才能や天分といった「尖った部分」がより鮮明になるという利点があります。

垂直比較すると、子どもをしっかり観察することになるので、その子が楽しそうにやっていることや、夢中になってやっていることがよくわかります。

ただし、我が子だけを見つめていると、ひとりよがりの孤立した子育てになる心配があります。

そこで、ぐるりとまわりを見渡し、「他のお子さんはどんな感じかな？」「他のお母さんは、こんなときどうしているのかな？」という視点で認識してほしいのです。

ポイントは、まわりと比較するのではなく、「へぇ、そうやっているんだ」と、「認識」するだけでいいということです。私はこれを、「水平認識」と呼んでいます。

周囲を見ると、子育ての方法の違いや、親の価値観の違いなどを知ることができますが、それを真似したり追随する必要はないので、イライラしなくてすむでしょう。

我が子は「垂直比較」、まわりは「水平認識」。

この2つのポイントを押さえれば、子育てはずっと楽しく、ストレスフリーになるはずです。

親の子ども時代の記憶はあてにならない

「お母さんがあなたくらいの頃は、ちゃんとやっていたわよ」

「お父さんはそれくらいひとりでやれたのに、どうしてお前はできないんだ？」

我が子に向かって、こんなふうに話す親御さんがいます。

でも、「我が子と比べて、自分の子ども時代の方が優れていた」という記憶は、あまりあてにならないかもしれません。なぜなら、人間は過去を美化したり、都合よく記憶を塗り替えることが多々あるからです。

おじいちゃんやおばあちゃんが同居しているご家族なら、「何言ってるの、あんただって子どもの頃はねぇ……」と、事実を明らかにしてくれるのですが、核家族の場合は、そうもいきません。ですから、もし、自分の子ども時代と我が子の成長を比べて、ひと言言いたくなったら、ぜひやってほしいことがあります。それは、ご自身の子ども時代のアルバムを開いてみることです。

不思議なことに、アルバムを開くと当時の記憶がよみがえり、あれもできていた、これもできていたと思っていたことが、何となく怪しく感じてくるものです。

「やっぱり親子だな、似たようなことが苦手なんだ」とか、「そういえば、子ども時代、自分も似たようなことで親から叱られて嫌だったな」などと、素直な気持ちで思えるでしょう。

そして、ご自身のアルバムを開くときは、どうか、お子さんにも一緒に見せてやってください。子どもというのは、当然ながら、大人になった状態の親しか見たことがありません。

つまり、子どもである自分と、大人である親は、別次元に生きている存在に感じています。

しかし、アルバムを見ると、親も子どもから徐々に成長して今の姿になったことが見えて、「自分と同じ経験をして大人になったんだ」と、よくわかります。特に核家族化が進んだ現在では、祖父母や親戚から親の子ども時代の話を聞く機会がとても少なくなってしまったので写真の助けを借りるといいでしょう。

そのことによって子どもは、自分もいずれ親のように大人になるんだと理解します。つまり、**親は子どもに対して、成長の過程を見せるお手本になる**わけです。

思春期の子どもはどうほめる？

子どもも小さなうちは、ほめ言葉をストレートに喜びますが、小学校の高学年くらいになると、だんだん難しくなってきます。なぜなら、思春期を迎えると、親から離れて自立したいという欲求や、「自分はもう大人の仲間入りをしたんだ」という意識が高まるからです。

そんなときに、「上手にできたね〜」「すごいね〜」と、これまでと同じようなほめ方をすれば、「いつまでも子ども扱いしないでよ」と反発を食らい、親子関係が険悪になる可能性もあります。

例をあげれば、散らかしっぱなしの部屋で困っているお母さんは多いようですね。

小学校3年生くらいまでは、片付けの手本を見せたり、ほめてやる気を出させたりができても、思春期になると、親の干渉を極端に嫌がります。

注意をしても不機嫌そうにして応じず、そのくせ、親が掃除をしようものなら、「勝手に触らないで！」と怒り出します。

注意をしても片付けない、だから片付けたら今度は怒る。これでは、「じゃあ、いったいどうすればいいのよ！」と、親の方だって感情的になってしまいますね。

こんなときは、しばらく様子を見てみましょう。

そして、自発的に片付けたときに、さりげなくほめるのです。

「あら、きれいになったわね」
「これなら、物が探しやすくていいわね」

間違っても、「これで掃除したつもり？　まだまだね」とか、「ああ、本棚に物をつっこんだだけじゃない。そこも整理しないと合格とはいえないわね」などと、余計なことを口にしてはいけません。本人は本人なりに、親から言われたことを気にして片付けたのかもしれませんし、できるかぎり努力した結果がその程度だったのかもしれないのです。それを否定したら、ますます掃除嫌いになり、親との関係も悪化するでしょう。

先ほども話しましたが、ベイビーステップです。どんな小さな進歩でも、それを評価するべきです。最も大切なのは、結果ではなく、「掃除に取り組んだ」という過程なのです。

時間軸で見れば、部屋の様子が良くなっているのは歴然でしょう。そこをくみ取ってやってこその親ではないでしょうか。**思春期は、強がって見せても心の中は不安だらけ。**「うるさいな！」「私にかまわないで」と口では言いながらも、心の中ではちゃんと見ていてほしいと思っているのです。子どもが思春期を迎えたら、手厚い子育てから、引き算の子育てに変える時期です。過干渉を避け、一歩引いたところから広い心で見守ってやりましょう。

第2章

実践
子どもにどんどん話をさせよう

声の出る授業は良い？　悪い？

学校での授業の様子をイメージしてください。

子どもたちは静かに先生の話を聞き、先生が黒板に書いたことを熱心に書き取っています。教室には、先生の声と、子どもたちが鉛筆を走らせるコツコツという音だけが響いています。

さて、あなたはこの授業風景をどう感じますか。

「みんなが真面目な態度で非常に良い」

「授業がきちんと進められている」

「これなら、授業内容がしっかり身につくに違いない」

たぶん、そう思われた方が多いと思います。

なぜなら、授業は静かに聞いて、ノートをきちんと取ることが良いと、頭にすり込まれているからです。

しかし、私が校長を務めていた開成中学・高校の様子はまるで違いました。生徒たちは積極的に質問し、意見を述べます。また、問題を理解できたときなどは、「そういうことか！」「わかった！」と、あちこちで声が上がります。ある意味、とてもにぎやかです。

これについては、ちょっと面白いエピソードがあります。

以前、ある高校の先生が、開成高校の授業の見学に来ました。開成は長年、東大合格者数日本一の学校なので、「どんなにすごい授業をやっているのだろう」と、興味津々だったと思います。

しかし、彼が期待したであろう静粛な授業風景ではなく、「ねぇ、こういう考え方もあるよね」「いや、僕の考えたやり方でいこうよ」などと、あちこちで声が上がっていました。はじめは黙って見ていた公立高校の先生でしたが、次第にイライラが募ったのか、「君たち、静かにしなさい！」と大声で叱ったのです。

これには、生徒も、授業をしていた先生もびっくりしました。なぜなら、これが開成のスタンダードな授業の形だったからです。

開成では、授業内容についての発言であれば、止めたりしません。むしろ、どんどん話させます。

生徒は頭の中でいろいろ考えていて、それがストンと理解できたとき、声が出るのは当たり前だからです。そして、こうした声が出るのは、今やっている勉強が楽しくて夢中になっている証拠といえるでしょう。

黙って先生の話を聞いているだけでは、せっかく聞いた内容は右から左に抜けてしまいます。また、必死にノートを取っているだけでは、書く作業に熱中するばかりで、内容が頭に残らないのではありませんか。

アクティブ・ラーニングは「脳」を動かす授業

２０２０年度から全面実施予定だった新学習指導要領があります。その柱となるのが「アクティブ・ラーニング」です。

これは、教科にかかわらず、子ども同士が話し合いながら積極的に学ぶという授業の形です。ところが、２０２０年には新型コロナ感染が拡大したために、なかなか実施できませんでした。

では、アクティブ・ラーニングとは、何のために、具体的にはどんなことをやる授業なのでしょうか。

英語の文法で、active voice とは能動態。passive voice とは受動態をいいます。ですから、アクティブ・ラーニングは、能動学習と訳されています。

「能（能力）」が動く学習なんて、中身がまるでわかりません。

しかし、「能」の字を「脳」に変えると、「脳が動く学習」となります。これなら、本質がよく見えてきますね。

典型的なアクティブ・ラーニングというのは、教師が生徒に質問を投げかけてやりとりをする、あるいはディスカッションする、というのが基本です。

ポイントは、先生が一方的に話すのではなく、「生徒が発言する」ことです。

これまでの、先生の話を聞くだけという授業では、わかったような顔をして静かにしていれば時間が過ぎました。

しかし、「この課題について意見を述べてください」「自分なりの考えを発表してください」と言われれば、ぼんやりしているわけにはいきません。今習ったことを必死に思い出し、自分なりの考えをまとめて発言しようとします。

このとき、脳はものすごく活発に動いています。だからこそ、授業の内容がきちんと頭の中に残るわけです。

イメージとしては、右耳から入ってきたものが左耳に抜けていくのではなく、耳から入ってきて直角に曲がって口から出ていく仕組みです。この直角に曲がることによって、習ったことが頭の中に定着するのです。

そして、アクティブ・ラーニングの授業では、これまでの読み書き中心の勉強で光の当たってこなかった生徒も、クラスメイトと探究し、自分の言葉で伝えることができます。すると、彼らの承認欲求が満たされます。

そういう意味で、アクティブ・ラーニングは新たな可能性を広げる授業といえるでしょう。アクティブ・ラーニングの授業では、子どもの「話す力」「発言する力」がとても重要になってきます。

お腹の中にいるときから、言語教育が始まる

話すために必要なもの。それは「言葉」です。では、みなさんは言葉をどうやって習得したのでしょうか。

実は、生まれる前から赤ちゃんは母親の声を聞いています。

みなさんも経験があるかもしれませんが、録音した自分の声を聞くと変な感じがしますね。

その理由は、録音した声は空気の振動として鼓膜で感じますが、いつも自分が聞いている声は、この空気伝導のほかに、骨を通じて直接、蝸牛（かぎゅう）に伝わってきて聞こえるものだからです。お腹の中にいる赤ちゃんも蝸牛がありますから、音を認知できます。だから、毎日お母さんの声や言葉をちゃんと聞いているのです。

そして、生まれてからは、名前を呼ばれたり、「かわいいね」「大きくなってね」などと、実際にいろいろな言葉をかけられます。

おむつを替えながら「さっぱりしたね」「気持ちよくなったでしょう」。ミルクを飲ませたときは、「お腹いっぱいになったね」「おいしかったね」などと声かけするわけですが、赤ちゃんは言葉の意味を自分自身の感覚として覚えていきます。

「ああ、これが気持ちいいということなんだ」「これが、お腹いっぱいという感覚なんだ」といった具合です。

逆に、何も声をかけずにおむつを替えたり、ミルクを飲ませていると、言葉はなかなか育ちません。

赤ちゃんははじめのうち、「あー」とか「うー」といった意味のない声を発するだけです。

しかし、お母さんをはじめとするまわりの人の声や言葉を、ちゃんと頭の中に焼きつけています。

そして、言葉がどんどん頭の中にたまってきて、ある日、意味のある言葉を発し、そこからは堰(せき)を切ったように、どんどん話せるようになるのです。

これは、卵からヒナが孵(かえ)る様子とよく似ています。親鳥が卵を抱いて温めているとき、外からは卵には何の変化も見えません。でも、卵の中では、どろどろの状態がヒナの形になるため、爆発的な変化が起きているわけです。

こうして時期が来ると、ヒナは内側からコンコンと殻をつつき、母親が手助けして殻を破り、中から出てきます。赤ちゃんが言葉を発するのは、まさにこのときと同じなのです。

赤ちゃんが話せるようになるには、頭の中にたくさんの言葉を貯める必要があります。だからこそ、お母さんをはじめとするまわりの人たちの声かけが重要です。

ただ、そのときに、赤ちゃん言葉は使わないようにしてください。

「ジューチュを飲みまちょうね」とか、「今日はあちゅいでちゅね」のように、赤ちゃん言葉で話しかける人がいます。小さな子どもが舌足らずの話し方をするのが可愛くて、まねているだけなのでしょうが、これは好ましくありません。

なぜなら、小さな子ども自身は、大人が話しているのを聞いて、「ジュース」や「暑い」など、ちゃんと発音しているつもりなのです。

ところが、口の動きが未熟なために、きちんと発音できていないだけ。それなのに、親が「ジュース」と言ったり、「ジューチュ」と話したりすれば、同じ言葉に関して2つの表現があると混乱してしまいます。

子どもの言語能力を育むためには、赤ちゃんのうちは浴びるように言葉をかけること、そして正しい日本語を使うように心がけてください。

ところで皆さんは自分の母国語がなぜ日本語なのか、考えたことがありますか。世界には数千の言語があります。その中で日本語が母国語になった理由は何でしょうか？　DNAですか？　日本の国土ですか？

それは、おむつを替えながら「さっぱりしたね」「気持ちよくなったでしょう」。ミルクを飲ませたときは、「お腹いっぱいになったね」「おいしかったね」などと日本語で声かけをされたからです。赤ちゃんは辞書が使えないので、声掛けされた日本語の意味を自分自身の感覚として覚えてきたので、母国語が日本語になったわけです。

話すことは脳をぐるぐる動かす

頭のよい子に育ってほしい。ほとんどの親御さんがそう思っています。

そこで、一生懸命に何かを教え込もうとしがちです。しかし、そんなことよりもっと簡単で、素晴らしく効果的な方法があるのを知っていますか。

それは、「子どもに話をさせること」です。

私は講演をするときに、

「さて、これからみなさんに英語で１分間の自己紹介をしてもらいます。２分間、時間を差し上げますので、どうぞ考えてください」

と話すことがあります。

すると、イスに深く腰掛けてゆっくり話を聞こうとしていた人たちに、明らかに動揺が走ります。突然英語で話せというのですから、ほとんどの人は大慌てです。

ある人は目をつぶって考え込み、またある人は手元のメモにペンを走らせ、必死に自己紹介の内容を考えはじめます。

このとき、参加者の頭の中はどうなっているでしょうか。おそらく、英単語を記憶の中から引っ張り出し、言葉のつなげ方、表現などを考え、脳がフル回転しているに違いありません。

しばらくして私は、「今日は時間がないので、自己紹介はやめておきましょう」と言います。そもそも、みなさんに自己紹介をしていただくつもりはなく、これは、あることを体感してもらうための実験だからです。

会場に来ている人は大人ですから、6年くらいは英語を学んでいるはずです。それでも、いきなり英語で話すように言われると、多くの人が慌てるでしょう。

では、子どもの場合はどうでしょう。3歳なら、日本語のキャリアは3年間。幼稚園児であれば、４～５年しか日本語に触れていないことになります。

もしみなさんが、４～５年しか学んでいない状態で外国語を話せと言われたらどうでしょう。そう考えると、子どもにとって「話す」という行為がどれだけエネルギーを要するか、どれだけ頭の中をフル回転させるか、おわかりになると思います。

先ほどの「英語で１分間自己紹介」は、それを実感してもらうための実験だったのです。

どうですか、頭のよい子に育ってほしいと願うなら、どんどん子どもに話させればいいということがわかってもらえたでしょうか。

子どもと親の話す比率は２対１

子どもにたくさん話をさせるには、まず、親が良い聞き手になることです。これが第一です。大好きな親が熱心に話を聞いてくれたら、子どもにとって、こんなに嬉しいことはありません。

ただ、子どもは日本語に触れている年数が明らかに少ないのですから、はじめから上手に話せるわけではありません。それでも、頭の中にある言葉をフル活用して、必死に何か伝えようとするのです。

あなたが外国に行って、つたない外国語で何かを説明しようとしているシーンを想像してみてください。

相手が「何を言ってるの、この人」「全然わからないよ」という表情を浮かべていたら、とても不安ですし、あせってますます言葉が出なくなってしまうでしょう。

でも、うまく伝わらないなりにも、相手がうなずいてくれたり、「ちゃんと聞くから、ゆっくり話してみて」という態度を示してくれたら、どれだけ心強いことでしょうか。

言語能力が発達段階の子どもというのは、まさにそういう状態なのです。

ですから、**きちんと話を聞いてもらえることで、「自分は愛されている」「受け入れられている」と感じます。**

さらに、言いたいことが親に伝わったときには、「自分はちゃんとしゃべれるんだ」という自信が生まれて、もっと話せるようになるのです。

ただ、親も、常に子どもの話をじっくり聞いてあげられるときばかりではないでしょう。そんなときは、聞いたふりをしてごまかしたりせず、「いまはお仕事があるから、夕ご飯が終わってから聞くね」とか、「お風呂のあとで、ゆっくり聞かせてもらえるかな」などと、いまは話を聞けないことをわかりやすく伝えれば、子どもはちゃんと理解してくれるはずです。

心がけてほしいのは、子どもが話すのが７割で、親は２〜３割くらい話すようにすることです。私はこれを、「２対１の法則」と呼んでいます。

オウム返しで子どもの話を引き出すように。先走ってはダメ

子どもの話を引き出すコツのひとつに「オウム返し」があります。

「今日、テントウムシ見た」

「そう、テントウムシ見たんだ」

「葉っぱの上にいた」

「へぇ、葉っぱの上にいたのね」

という具合に、相手の言葉をそのまま繰り返すのです。

これによって、「あなたの話をちゃんと聞いているよ」ということと、「あなたの言っていることはちゃんと私に伝わっているよ」というメッセージになり、子どもに安心感を与えられます。

オウム返しの会話術は、ビジネスシーンでも、共感的理解を示す「傾聴」でも、よく使われています。ちょっともどかしいかもしれませんが、ぜひ取り入れてみてください。

この反対に、親子の会話でやってはいけないのが、ついつい先走って話をリードすることです。

たとえば、学校から帰ってきた子どもが「〇〇ちゃんは嫌！　きらい」と言ったとしましょう。

我が子の交友関係や、友だちの特性などを知っていると、「〇〇ちゃんに、叩かれたの？」とか「また仲間に入れてくれなかったの？」などと、先読みして子どもに尋ねてしまいがちです。

すると、子どもは「うん」と答え、「そう、嫌な子だね」で会話が終了してしまいます。

これでは、言語能力は育ちません。

たとえ、子どもが訴えたいことを察したとしても、できるだけ子どもの口から話させるようにしなくてはいけません。

「〇〇ちゃんのことが嫌なんだ。どうして？」

「意地悪だもん」

「そう、意地悪なんだ。どうしてそんなふうに思ったの?」

「だって、あっち行けって言うから」

「そうなの、だから意地悪だって思ったのね」

「うん、だから、別の子と遊んだ。その方が面白かった」

「そう、面白かったの、じゃあ良かったね」

といった具合です。

こうした会話を繰り返すうちに、次第に自分の思いを、誰かの助けを借りなくても伝えられるようになるのです。

5W1Hを引き出す会話で、論理的思考が育つ

中学生の英語でおなじみの「5W1H」。

いつ（When）、どこで（Where）、だれが（Who）、何を（What）、どうして（Why）、どんなふうに（How）の、6つの疑問詞が整った文脈は、情報をわかりやすく、もれなく伝えられます。疑問詞にはもう一つ、どちら（Which）がありますが、論理の構築にはあまり使われないので、通常5W1Hと呼ばれています。

そのため、新聞記事などを書く際の原則であり、ビジネスシーンでは報告書、メール、口頭での状況説明に使われます。

この**5W1Hが整った話し方は、子どもが生きていくうえでの大きな武器になります。**というのも、自分の考えややりたいこと、あるいはやってほしいことなどが、相手に正しく伝わるためです。

そこで、親は聞き役になりながら、6つの疑問詞がそろうように、上手に話を引き出してほしいのです。

「それって、いつのこと？」「どこでそうなったの？」「誰が、そうしたの？」「何と言ったの？」「どうしてそうなったの？」「具体的に、どんなふうに？」という感じですね。

あまり矢継ぎ早に聞くと、まるで尋問しているようになってしまうので、会話の流れの中に疑問詞を一つずつさりげなく盛り込みましょう。

これを繰り返していると、子どもはあるとき、「そうか、そういうふうに話せば、ちゃんと話が通じるんだ」と気づきます。

自分の言いたいことが、すっきり伝わったときの爽快感は、大人だって理解できるでしょう。これは子どもにとっても大きな喜びです。

実は、大人の中にも、この5W1Hの基本ができずに、べらべらと話す割に何を言いたいのかわからない、言っていることがよく理解できないという人がいます。困りものです。

さて、論理的表現ができるようになると、他人の話を聞いても、文章を読んでも、論理的に物事を理解できるようになります。

「論理的に理解する」を、別の言葉で表現すると、「読解力が身につく」ということでしょう。

授業でもテストでも読書でも、読解力は非常に重要ですから、子どもの頃から5W1Hを意識した話し方、論理的表現が身につくように、親はうまく合いの手を入れて、子どもに話させましょう。

出る杭で大いにけっこう

「出る杭は打たれる」ということわざは、おなじみだと思います。

集団の中で特別に才覚を現したり自己主張する人が、周囲からねたまれたり妨害されることがあります。その様子が、地面に並べた杭の高さを叩いてそろえる様子に似ていることから生まれた言葉です。

足並みをそろえる、調和を大切にする、目立つことを良しとしない、という日本ならではの価値観が感じられますね。

その価値観は、教育の世界、子どもの世界にも根付いています。

たとえば、授業中に頻繁に発言する子（無駄なおしゃべりではなく、授業に熱中しているための発言）。みんなに考えさせようとしたときに、素早く理解し、すぐ正解を言ってしまう子。指導要綱から外れるような深い質問をしてくる子。そうした「優秀」な子どもは、出る杭と見なされがちです。

教師から「面倒な子」として無言の圧力をかけられることで、同級生からは「出しゃばり」「頭が良いからって目立ちすぎ」などと反発されることがあります。

そうした風土で、優秀な子どもたちは、「目立たない方が得なんだ」と察し、いつの間にか発言しなくなっていきます。

しかし、国際社会の荒波の中では、「目立たず、慎ましやかに」といった考え方がそのままでよいとは思えません。なぜなら、国際社会の中では、黙っていることは美徳ではなく、「何も考えていない」「自分なりの意見を持っていない」と、マイナスポイントを付けられてしまうからです。

今後ますますグローバル化が進んでいく中で、「発言しない」のはメリットではなく、デメリットの方が大きいと思わなければなりません。

「グローバル化とか、国際社会なんて、一部の人たちの話でしょう」と考える人がいますが、本当にそうでしょうか。

みなさんのまわりを見回してください。ご近所や職場に、外国の人がいないでしょうか。駅やショッピングセンターなど人が集まるところでは、必ずと言っていいほど見かけるのではないでしょうか。

現在、在日外国人の人数は200万人を超えています（法務省・在留外国人統計・2020年6月末）。外国人はすでに一時的に滞在する旅行者ではなく、共に暮らす隣人なのです。

その中には、当然、子どもも入っています。そして、彼らは、自己表現や自己主張を大切だと教えられて育っています。

そうした子どもたちと肩を並べて勉強するのが当たり前になっていることを、親世代は自覚しなくてはなりません。

国内にいながらも、多様な価値観を持つ人たちと共に生きているのですから、きちんと自己主張、自己表現できることはとても重要でしょう。

だからこそ、我が子には「出る杭は打たれる」という教育をするのではなく、**「出る杭は**

良いことだ」「出る杭、大いにけっこう！」という考えで育ててほしいのです。

そして、杭は打たれれば打たれるほど、強くなるのです。

グローバル化によって日本の伝統的な美しい風習、文化を捨てたくはない。捨てないという選択を突き詰めていくと、鎖国が理想の形ということになります。選択肢としては考えることもできますが、鎖国で失う物と得る物とを比較したとき、鎖国という選択肢が極めて取りづらいものでものであるということが明らかになります。

発言する方が得をする

授業中に、あるテーマについて、学生に意見を求めたときのことです。

「シックハウス症候群とは何なのか？」

こんなとき、アメリカの学生なら「発言しなければ存在価値がない」とばかりに、我先に発言します。たとえ間違っていたとしても、です。

しかし、日本の学生は、無言のまま……。

わかっていないから黙っているのではなく、子どもの頃からそうやって育ってきたことと、はじめに発言して、的外れなことを口にしてしまわないか、間違ったことを言ってしまわないか、自信がないからです。

その結果、とりあえず誰かの発言を聞いてから、自分の考えをまとめるという「様子見」の学生が多いわけです。

そこで私は、出席カードをトランプのように切って、発言者を当てるようにしました。

さらに、２つのルールを設けました。

ひとつは、「当てられたら3秒以内に声を出すこと」。これなら、だんまりの学生でも何かしら話さなくてはなりません。

そして、「自分より前に発言した人の意見と同じことを言ってはいけない」というルールです。

これだと、「私も同じです」というわけにはいきませんし、順番があとになればなるほど、話すことがなくなってしまいます。後から当てられた人ほど難しくなり、損をするわけですね。

このやり方では、どんな場面においても、はじめに発言した方が他人とかぶらないので、たくさんの意見が出ます。すると、当然、注目されますし、評価も高くなります。

「はじめに発言するのが恥ずかしい」「間違っていたら困る」という思いを捨てて、一番に発言すれば、得をすることの方が多いわけです。

これは社会に出ても同じです。

会議の席で、なかなか発言しない人は、自主性や積極性に欠けると見なされてしまいます。一方、最初に発言すれば、議論の枠組みを自分の有利な分野で作れるため、議論の主導権をつかむことができるのです。

間違うことがチャンスになる

「間違ったら恥ずかしい」という思いは、どうしても、発言の妨げになります。

ですから、子どもには「間違うのは恥ずかしいことではないんだよ」と、重ねて伝えていく必要があります。

たとえば、子どもが間違った発言をしたときに、「何を言ってるの」「それは違うでしょう」と頭ごなしに否定すれば、発言するのが怖くなってしまいます。黙っていれば何も言われないのだから、口をつぐんでいた方が得だと学習してしまうでしょう。

反対に、まずは「ちゃんと発言できて偉かったね」「自分の考えをきちんと言えて、お母さん、すごいと思ったよ」などとほめてあげれば、発言することに価値があると、子どもは理解します。それが自信につながり、間違いを恐れず、積極的に発言できる子に育つわけです。

間違いの訂正については、いったんほめた後に、「〇〇は別の考え方ができないかな？」と、否定ではなく、課題を与えればいいのです。

このようにほめて育てる場合、子どもが調子に乗ってつけあがるのではないか、自信過剰になってしまわないか、と心配する親御さんがいます。

しかし、ほめて発言できるようになることは、その子の成長に大きく役立つのです。それは、比べてみるとわかります。

ほめることでどんどん発言する子は、その分、間違いを指摘される回数も増えるでしょう。すると間違いがわかるようになり、自分で修正し、それが成長につながります。

でも、発言しなければ間違いも見つかりませんし、修正もできませんね。結果として成長につながらないわけです。

おとなしい子は心配されるのがアメリカ

学校での子どもの様子について、「いつも静かに授業を聞いていますよ」と先生から言われたら、みなさんはどう思いますか。

親御さんは一般的に、「ああ、よかった、ちゃんと真面目にやっているんだ」と、肯定的に捉えるのではないでしょうか。それは、日本では「おとなしい」＝「優等生」というイメージがあるからです。

実は、私がアメリカで子育てをしている際に、この話を同僚にしたところ、大いに心配されてしまいました。

アメリカでは、小中学生が「おとなしい」「いつも静か」と評されるのは、決してプラスではなく、心配することだと言われたのです。そして、場合によっては、専門家に相談してカウンセリングを受けるべきという判断になるケースもあるというので、大いに驚きました。

授業中に勝手に立ち歩くなどは困りますが、授業内容にちゃんと反応しているかどうかがアメリカでは評価の基準になります。そして、授業を聞いていて知的に反応すれば、必ず発言があるはずだという前提があるので、黙って聞いているのは「何か問題があるのでは？」と判断される場合もあるのです。

先にも話しましたが、発言するためには、頭の中で一生懸命に考えなければなりません。

日常的に脳を動かし続けている子どもと、そうでない子ども……。どちらが良いと思いますか。

その差は一目瞭然でしょう。だからこそ、私は「発言すること」を重視しているのです。

いじめから身を守る発言力

いじめは悪いこと、やってはいけないと誰もが知っています。それなのに、一向になくなりません。

さらに、今時のいじめは、まわりからは見えにくいケースが多くなっています。特に、SNSの世界に潜り込んだいじめは、当事者同士や、ごく限られた友だち関係にしか知られず、大人がなかなか介入できない状態です。

いじめの発端は、たいていは小さなこと。ちょっとしたからかいだったり、悪ふざけだったりします。

しかし、その段階で本人が「嫌だ」ときちんと意思表示して、信頼できる大人に相談していれば、エスカレートを防げるケースも多いのではないでしょうか。

また、学齢が上がるほど、たとえいじめがあっても親には相談しなくなります。ただし、常に我が子の様子を観察している親なら、「あれ、何かおかしいな」と気づくこともあるでしょう。

そんなときには、「何か気になることでもあるの?」「ちょっと元気ないみたいだね」と、声をかけるのが大切です。

もちろん、こうした声かけをしても、子どもがいじめをすぐに告白するわけではありません。たいてい、「別に……」とか「うるさいな」と避けられてしまうでしょう。

でも、これはある意味、当たり前の反応です。

なぜなら、子どもは子どもなりに、自分で解決したいと思っていますし、親に心配をかけたくないという、健気な気持ちがあるからです。

それでも、親がきちんと言葉にして、「あなたのことが心配なんだよ」という気持ちを伝えるのは、非常に効果があります。自分には味方してくれる人がいるんだと、子どもの中に安心感が生まれるのです。

もし、子どもの方から今自分に起きていることを打ち明けてきた場合は、全面的に受け止めてください。

「どうしてそんなことになっちゃったの！」「なんで言い返さなかったの！」などと責めるのは厳禁です。

本人は我慢に我慢を重ねて、もうあっぷあっぷの状態なのに、そこでさらに親から責められたら逃げ場を失ってしまいます。

なかでも絶対に口にしてはいけないのが、「あなたにも悪いところがあったんじゃないの？」というひと言です。

この言葉は、裏を返せば、「悪いことがあれば、いじめられても仕方ない」といういじめの容認です。いじめは、何があってもしてはいけないことなのですから。

親は、子どもが安心して話せるように、「そう、つらかったんだね」「嫌だったのね」という具合に、子どもの気持ちを受け止め、オウム返しで言葉を返してあげましょう。心と体すべてで、話を聞いてあげるのです。こういうときに、子どもの発言を促すのは、親の側の「聞く力」です。

また、子どもの頃から5W1Hを使った論理的な話し方ができる子なら、複雑ないじめの構図も、きちんと親に伝えられるはずです。

そして、子どもの話を聞き終えたら、

「つらいのによく話してくれたね。ありがとう」

と、ほめてあげてほしいのです。

嫌なことを嫌だと言えるのも、生きるうえで非常に大切な力でしょう。

また、**困ったときには親に相談すればいいということを、折に触れて言葉にして子どもに伝えておく**ことも、いじめから我が子を守るためには欠かせません。

なお、今時のいじめは、被害者と加害者が簡単に入れ替わります。我が子が被害者になるだけでなく、いじめの加害者になる可能性があることも知っておき、よく注意してください。

第3章

子どもの自立を目標にする

我が子の才能に気づく子育て

序章でもお話ししましたが、すべての子どもは何らかの特性や才能を持っています。そこで、日々、子どもの成長を観察していれば、必ずそれを見つけられるはずです。

たとえば、探し物をするときに、「この辺にはないだろうな」と期待せずに探すのと、「ここにはきっとある」と思って探すのでは、見方がまるで違いますね。

我が子の成長を、宝探しをするような気持ちで見守ることができれば、子育てはワクワクする楽しい時間になるでしょう。

では、特性や才能を見つけるカギは何か。その子の「好きなこと」です。それを温かい気持ちで伸ばしてやればいいのです。それが「教育」です。

私がこの話をする際に必ず思い出すのが、日本を代表するピアニスト辻井伸行さんのお母さんの辻井いつ子さんのことです。

伸行さんは生まれたときから目が見えませんでした。それがわかったときに、いつ子さんは絶望の淵に立たされ、どうやって育てていけばいいのか、わからなくなったそうです。

美しいものを見るたびに、我が子は一生これを見ることができないのだと思って涙し、また、他の子に比べてお座りやハイハイが遅れがちなのを見ては、「この子は生まれてきて幸せなのだろうか」とさえ考えたそうでした。

それでも、いつ子さんは前向きに子育てをしました。そして、伸行さんが生後8か月目のとき、ひと筋の光が差し込んだのです。

辻井家では日常的にクラシック音楽を流していて、そのなかでも当時、ショパンの「英雄ポロネーズ」をよくかけていました。

すると、伸行さんが「英雄ポロネーズ」の盛り上がりの部分で、決まって足をバタバタさせることに気づいたのです。ふすまに足をあててバタバタするリズムは、曲の演奏とピタリと合っていました。

でも、はじめのうちは、「この子はこの曲が好きなんだ」くらいにしか感じてはいませんでした。

ところが、そのＣＤに傷が入って音が出なくなったので、別の「英雄ポロネーズ」のＣＤをかけたところ、伸行さんは足をばたつかせなくなったのです。

「なんでだろう……」と不思議に思ったいつ子さんがＣＤのラベルをよく見ると、前とはピアニストが違うことに気づきました。

そして、半信半疑でしたが、前のＣＤと同じピアニストの「英雄ポロネーズ」を買い直して聴かせると、伸行さんはまた足をバタバタさせて大喜びしたではありませんか。

その演奏者は、ロシアの天才ピアニストであるスタニスラフ・ブーニンでした。

ご主人にその話をすると、「赤ちゃんにそんな違いがわかるはずがないさ」と言われましたが、いつ子さんは何度も信行さんの反応を確かめ、決して偶然でないことを確信しました。

そして、「この子には、音楽の才能があるのかもしれない！」と思ったのです。

その後、いつ子さんは伸行さんにおもちゃのピアノを与え、１歳５か月からピアノのレッスンを始めました。伸行さんは、そのレッスンを心待ちにしたそうです。

もちろん、音楽の才能を見つけたからといって、子育てが楽になったわけではありません。

伸行さんは生活音に敏感で、一度泣き出すとなかなか泣きやまないという特性がありました。

しかし、短所に感じられるこの特性を、いつ子さんはネガティブに捉えず、「これも我が子らしさなんだ」と、そのまま受け入れたそうです。

こうした子育ての延長線上に、日本を代表する天才ピアニスト辻井伸行があるというわけです。

子育ての様子は辻井いつ子さんのブログに詳しく書かれています。

一般的には、子どもの特性や才能をなかなか見つけられず、「うちの子にはそんな才能はありません」と言い切ってしまう親御さんがいるのも確かです。

そういう人は、そもそも子どもをよく見ていないのか、もしくは、親の価値観という色眼鏡で子どもを見ているのではないでしょうか。

「たくさんの友だちと走り回って遊ぶのが良い」という価値観でしか子どもを見なければ、部屋の隅で、一人で絵本に熱中する子の「特性」を伸ばせません。

また、「まわりの子と同じように……」を大切にすれば、その子にしかない個性を見過ごしてしまいますね。

親の価値観、つまり親の希望や願いを基準にするのではなく、その子の「好き」を手がかりにして、それを上手に伸ばすように育てることが大切です。

親はせっせとエサをまく

子どもの好きなことや得意なことを見つけたら、次にやってほしいのが「**チョイ足し**」です。チョイ足しというのは、子どもの「好き」という気持ちに、ちょっとだけ何かをプラスすることです。

たとえば、鉄道が好きな子どもの場合には、実際に電車に乗せてやるといいでしょう。そして、停車したときに駅名を一緒に読んだり、路線図と照らし合わせて「今はここにいるんだね」「次は○○駅だね」と話したりします。

また、一緒に時刻表を見ながら、「東京駅を10時に出発すると、12時15分には京都駅に着くね」「同じ距離を走っても、のぞみとひかりだと時間が違うんだね」などと話すのもいいでしょう。単に電車が好きという子に、駅名にも興味が湧くようにチョイ足しすれば、自然に漢字を覚えていきます。駅名はローマ字でも表記されているので、アルファベットに興味を示す子もいるでしょう。路線図というチョイ足しをして、自分がいる場所やこれから向かう先を示すことで、子どもに「地図」や「空間」という考えが身につくかもしれません。時刻表を与えてみると、時間の計算ができるようになる場合もあります。

チョイ足しのコツは、実物と抽象化されたものの組み合わせが良いと思います。電車は実物ですが、路線図は抽象化された表現です。今自分が乗っている電車が通過している場所が、路線図では何処なのか、それが理解できるようになると路線図という実物ではない抽象的表現が、子どもの頭の中で生き生きとした実体として理解されるようになります。このような経験を重ねることによって、抽象的表現の集まりである知識が子どもの頭の中で無理なく定着していきます。逆にマンガやアニメで描かれている怪獣や恐竜などに興味を持ったら、博物館や動物園、植物園などに連れて行き実物や標本を見せてあげるのが良いでしょう。

分数は小学校の算数で子どもが躓(つまず)きやすい単元ですが、ケーキや果物を分けるとき、何分の一という表現を使っておくと、分数の単元を学習するとき実物をイメージできるので躓かなくて済むでしょう。好きなことの延長線上に、実物と文字や地図や数字があるからこそ、子どもはすんなり受け入れられるのです。

これが、将来役立つからという理由で、ドリルなどを使って文字や地図や数字を覚えさせようとしても、なかなかうまくいきません。

大人は子ども時代をすでに経験ずみなので、将来を予測し、合理的に考えがちですが、子どもが見ているのは「今」だけ。熱心に取り組むかどうかは、今、好きか、そうでないかで決まるのです。子ども自身は、自分に内在しているものを、どう使えばいいのかわかりません。だからこそ、親が子どもの「好き」を手がかりに、特性をうまく引き出して展開してやることが大事でしょう。

ただし、親のまいたエサに、子どもが必ずしも食いつくわけではありません。興味を示さなかった場合は、別のエサをまいてやればいいだけです。また、子どもの特性を引き出すために、習い事にチャレンジさせるのはいいことです。

兄姉の習い事にたまたまついていって見学したのがきっかけで、下の子の才能が開花した。

人見知りを直すために入れた児童劇団で頭角を現して、立派な俳優になった……。このような話は珍しくありません。どこに我が子が伸びるチャンスが転がっているかはわかりません。

賢い子が育つ家庭とは

以前、東大生200名弱を対象にした、「親はどんな育て方をしていたか」という内容のアンケートの監修をしたことがあります。

すると、賢い子が育った家庭の特徴は次のようなものでした。

①親は自分の話をよく聞いてくれた
②何かを決めるとき、自分の意見に耳を傾けてくれた
③よくほめてくれた

ここから見えてくるのは、子どもを家族の一員として尊重し、その子の特性を伸ばそうとする子育てです。そして、親のこうした態度は、「愛されている」「守られている」という安心感を子どもに与えるようになります。

子どもというのは、年齢が低ければ低いほど未経験のことばかりです。そのため、日々の生活の中で、初めてチャレンジすることが目白押しになっています。

大人だって、毎日新しいことに取り組めと言われたらストレスになるのですから、小さな子どもなら、なおさらでしょう。

子どもは毎日、白地図の上に立って、どっちに行けばいいのか考えているようなもの。大人からすると何も考えていないように見えても、実は不安な気持ちでいっぱいなのです。

ですから、親が熱心に話を聞いてくれたり、ほめてくれることで安心感を得ることはとても重要になります。子どもにとって家庭が安全地帯であり、何かあったらそこに帰ればいいと思えるからこそ、勇気をふりしぼって知らない世界に踏み出せるわけですね。

その他にも、このアンケートでは、

- 苦手を克服したことがある
- 失敗後すぐに立ち直ったことがある
- やり遂げて嬉しかったことがある

という項目で、高い割合が示されました。

つまり、自分が認められている、守られているという気持ちが土台にあると、安心して新しいことにチャレンジできるので、小さな成功体験を積み重ねられます。すると、自己肯定感が高まり、たとえ失敗してもくじけてしまわず、再チャレンジして、苦手なことも克服できる子に育つというわけですね。

子どもの成長にとって家庭環境がいかに大切か、よくわかる調査結果といえるのではないでしょうか。

子どもの話を聞く、意見に耳を傾ける、ほめて育てるというのは、どこの家庭でも簡単に始められることばかりだと思います。今すぐに始めてください。

子どもを伸ばす夫婦円満

夫婦仲が良いことは、子どもの安定した成長に欠かせないでしょう。両親が笑顔でおだやかに接してくれることが、子どもにとって何よりの幸せと考えてください。

どれほど経済的に豊かでも、いさかいが絶えないような家庭では、子どもは安心できません。もし、夫婦間で意見の対立が起きた場合でも、子どもの前で言い争うようなことは避けましょう。

とはいえ、夫婦が常に同じ考え方である必要はありません。

たとえば、子育てに関する意見の対立が起きたときに、「親は心をひとつにしなければいけないのでは」と悩む人がいます。

しかし、そもそも夫婦というのは、まったく違う環境で育ったわけですから、意見が分かれるのは自然なこと。むしろ、こういうときにこそ、「世の中にはいろいろな価値観がある」と、子どもが学ぶ良い機会だと捉えてほしいのです。

そのためには、相手の意見を否定するのではなく、尊重しなくてはなりません。

たとえば、「お母さんは〇〇という考え方だけど、お父さんの言っていることもよくわかるわ」とか、「お父さんとお母さんでは立場が違うから、考え方もちょっと違うのかもしれないね」といった具合です。

ところで、夫婦が決裂して険悪になるのも困りますが、夫婦が一枚岩となって、子どもに価値観を押しつけるのも困ります。こうなると、子どもには逃げ場がなくなってしまうからです。

漫才のように、片方がツッコんだら、もう片方がボケるというように、どちらかが子どもの逃げ場になってあげることも大事です。

また、さまざまな事情で、一人親の家庭も増えています。両親がそろっていないと、子どもに悪い影響を与えるのではないかと心配する方がいますが、私が知る限りでは、あまり問題がないと思います。

というのは、一人親のご家庭では、親御さんが、父親、母親、両方の役割を果たそうという意識を持っているからでしょう。

それよりも心配なのが、両親がそろっているのに、どちらかの物理的存在感がない家庭です。たとえば、父親の仕事が忙しくて、子どもが寝てから帰宅し、子どもが起きる前に出社するようなケースがありますね。

そういう人は、たまに子どもと顔を合わせたときに、ここぞとばかりに存在感を示そうとして、「しっかり勉強しろ」とか、「ちゃんとやっているのか」などと口にしがちです。でも、子どもからすれば、「いつもいないくせに、うざいなあ」となってしまいます。

アメリカでは、家族がそろって夕食を食べるのは当たり前ですが、日本でも週に1、2回くらいならば、何とか工夫できるのではないでしょうか。夕食をともにするだけで、子どもの様子というのはちゃんと確認できるものです。

もし、どうしても家族と過ごす時間がとれないような場合は、会話の中で父親の存在感を示すよう心がけましょう。

たとえば、「お父さんが一生懸命働いているから、こうやってご飯を食べられるのよ」とか、「お父さんは、今も家族のために仕事をしてくれているのよ」といった会話があると、たとえ同じ席にいなくても、子どもとしては、父親の存在を感じることができます。

子どもに「父親は自分にあまり関係のない人」と思わせてはいけません。

悪口はろくな結果を生まない

家族間のこともそうですが、幼稚園や保育園、小中学校の悪口を子どもに聞かせてはいけません。なぜなら、先生との信頼関係が崩れてしまうためです。

たとえば、親が幼稚園や保育園の悪口を言ったとしましょう。

子どもは、「それなら、どうしてそういう場所に自分を行かせるの?」と思います。そして、そんなに良くない場所なら通いたくないと思い、行ったところで楽しくは過ごせません。先生の言うことだって、聞きたくなくなるでしょう。

また、小中学校の先生について、「あの先生は子どものことをちゃんと見ていない」とか、「教師としてどうかと思う」などと非難を口にすれば、子どもは先生のことを馬鹿にするようになります。

そんな先生から勉強を習ったところで、身につくわけがありません。

このように、親の発言というのは、想像以上に影響力があります。学校や先生の悪口を言うのは、百害あって一利なし。ろくな結果を生まないと知っておいてください。

ただ、小学校も3年生くらいになると、子どもが「あの先生って教え方が下手で、よくわからない」「授業が下手で眠くなっちゃう」などとこぼす場合もあります。そのときも、「あら、嫌だ。そうなの？」などと同調してはいけません。同調は悪口を言っているのと同じです。

反対に、「先生のことをそんなふうに言うもんじゃありません！」と頭ごなしに否定すれば、子どもだって面白くないでしょう。そこで、こういうときは、

「じゃあ、どんなふうに教えたら、もっとわかりやすくなると思う？」

「あなたが先生のかわりに授業をやるとしたら、どうするのかな。考えてみるといいと思う

よ」

このように話をもっていくのがいいでしょう。これなら、先生を責めることにはなりません。また、

「あなたと先生は相性がよくないのかもしれないね。でも、ほかの子にとっては違うかもしれないね」

「あなただって好きな先生と苦手な先生がいるでしょう。たまたま苦手な先生だったら、教え方をこうすればもっと授業が面白くなるかもしれないって考えてみればいいんだよ」という言い方もあります。

勉強がわかりにくいという子どもの気持ちはちゃんと受け止めながら、学習意欲が低下しないように仕向ける対応です。

後で詳しく解説しますが、自分が学んだことを誰かに説明したり、誰かに教えることは、学習においてとても効果的です。

そこで、「教え方が下手でつまらない」と、学習に対して後ろ向きになった気持ちを、「どうやって教えたらわかりやすいかな？」と考えさせることで、積極的に学ぶ姿勢に転換でき

るわけです。

先回りしてやる親は、子どもをダメにする

レストランでは、コップの水が減っていたら、さっと注がれます。ホテルや旅館では、脱いだ靴がそろえられ、荷物は部屋まで運ばれます。

こうしたサービスの心地よさは、「客が要求しなくても提供される」ところにあるといえるでしょう。いちいち頼まなくても黙ってやってくれれば、こんなに楽なことはありません。だから、サービス料を支払うのです。

実は、こうしたことを子どもに対してやってしまうお母さんがいます。

帰宅した子どもが乱雑に脱いだ靴をそろえ、床に置いたランドセルを子ども部屋へ運び、

ソファに転がる子に、「おやつ、あるわよ〜」と言いながら、ジュースとお菓子を出してやるわけです。

たとえ、「ちゃんと靴をそろえて、ランドセルは部屋に持っていかなきゃダメでしょう」と、小言を言いながらやっていたとしても、これは過剰なサービスです。子どもは家族を構成する一員なのに、まるでお客様扱いですね。

このように、親が先回りして何でもやってしまう行為は、「過保護」であり、子どもの表現力を奪うことにつながります。

たとえば、赤ちゃんは、お腹が減った、眠い、暑い、寒い、おむつが気持ち悪いなどの感情を、泣くことで親に伝えます。

親はそのメッセージを受け取って、「はいはい、ミルクね」「おむつを替えましょうね」となるわけです。

こうしたやりとりを通じて、親は「赤ちゃんが泣いたときは何かしらの世話が必要だ」と学習するわけですが、もう少し大きくなると、親は子どもが何をしてほしいかわかるので、先回りしてやってしまいがちです。これが、黙っていてもおやつが出てくる状態といえるでしょう。

しかし、こういう環境を作ってしまうと、子どもは何か言わなくてもやってもらえることが当たり前になって、自分からは表現しなくなります。

職場の若者に対して年長者が、「こっちが言わないと何もしないんだから」とか、「やってもらうのが当たり前みたいに思っているようだ」と愚痴をこぼすのはよくある話ですね。もしかすると、この背景には、子どもをお客さんのように扱い、サービスしてきた親がいるのかもしれません。

さらに、こうした**過保護は、子どもの表現力だけでなく、「失敗から学ぶ力」も奪ってしまいます。**

小学生になれば、時間割をそろえ、宿題もきちんとこなし、学校生活に支障が出ないように身の回りのことを自分自身でしなくてはなりません。

もちろん、何もかも完璧にできる子はいませんから、はじめのうちは忘れ物をして不自由な思いをしたり、宿題をやっていかずに注意され、恥ずかしい思いをします。つまり「失敗」を経験するわけです。

こうして痛い思いをするからこそ、「学校から帰ってきたら、遊びに行く前に宿題をすませてしまおう」「登校前に、もう一度持ち物を点検しよう」という、自発的な行動が生まれます。これが「失敗から学ぶ」子どもの成長といえます。

ところが、過保護な親は、子どもに失敗させないようにと、時間割を見て、忘れ物がないように整えてやったり、「さあ、先に宿題をやっちゃおうね」と、子どもを誘導します。すると、失敗することがないので、自発的な行動が生まれません。

つまり、子どもが成長しないということです。

子どものためを思って、いろいろ気を配ってあれこれやっているのに、結果として子どものためにならないのですから、皮肉なものですね。

親がやるべきことは、子どもをお客様のようにもてなすことではなく、しっかり見守ること。そして、子どもが何かできるようになったときに、ほめて伸ばすことです。

「宿題はやったの？　時間割はそろえた？」などと先回りするのではなく、「言われる前に宿題をやったのね、偉かったね」と、ほめるのが、子どもを伸ばす親といえるでしょう。

我が子を、子ども部屋おじさん（おばさん）にしたいですか？

親なら誰でも、「我が子にはこんなふうに育ってほしい」という理想がありますね。「成績のよい子になってほしい」「お金持ちになってほしい」「人とは違うことで活躍してほしい」など、その理想はさまざまです。

しかし、私は、子育てのうえで最も重要な価値観は、一日も早い自立だと考えています。もう少し平たく言うのなら、親がいなくても、自分の力で飯を食って（生きて）いけるようになるということ。なぜなら、親が、明日もその先も生きている保障はないからです。頭がいい、金持ちになる、活躍するといったことは、自分で生きていくうえでのおまけのようなものではないでしょうか。

私は、親の価値観の根っこを、「一日も早い自立」に設定すると、子育てに迷いがなくなると思うのです。だからこそ、高校を卒業したらひとり暮らしをすべきだと考えています。

たとえば、東大で最もやる気があるのは、地方の公立高校出身の学生のようです。親元から離れるわけで、自活しなくてはいけませんし、高校とはガラリと違う雰囲気の大学で、自分の居場所を確保しなくてはなりません。いろいろなことを必死で考えて乗り越えようとするので、燃えているように思えます。

これは、親元から通っている学生とは大きな違いがあり、あらためて自立することの重要性を感じます。

しかし、昨今、30歳、40歳を過ぎても独立せずに、実家に住み続ける人が増えているといいます。小さい頃から使っている子ども部屋に住み続けることから、ネット用語で「子ども部屋おじさん（おばさん）」という言葉まで生まれているそうです。「大人のひきこもり」とは異なって、働いて収入を得ているので、なにがしかの生活費は入れて、親に掃除・洗濯、食事の支度など身の回りのことをしてもらう関係にあるケースが多いとか。

結婚する・しないは個人の自由ですが、こういう生活をしていると、いざ結婚しようと思ってもなかなか難しいのではないでしょうか。

昔から食べている母親の味は一番おいしいでしょうし、気を使わずに世話を焼いてもらえる環境は心地よく、それを手放す気は起きにくいはずです。

しかし、親も子も元気なうちはまだしも、共に年老いてきたときを想像するとどうでしょうか。母親は、自分が70歳、80歳になっても、息子や娘の世話をして洗濯をしてあげたいですか。

また、こうした人と結婚を考える相手は、背後霊のように張り付いている親の存在に嫌気がさすのではないでしょうか。

お手伝いは自立の訓練

どうやったら、子どもが生きる力を身につけられるのか。

それには、家の中のお手伝いをどんどんさせることです。お手伝いこそ、自立の訓練として最適な方法だからです。

ところが、「うちの子はお手伝いを嫌がる」「言ってもやろうとしない」などの声もよく耳にします。

基本的に、**子どもは親のやることには興味があり、真似したがるものです。**ですから、お手伝いを嫌がる場合は、過去に「手伝いたい（親と同じことをやりたい）」というサインを、見逃しているだけなのかもしれません。

手伝いは強制的にやらせても嫌になるばかりなので、親が上手に「手伝いたい」という気持ちを引き出すのがポイントです。それには、親にもある程度の大らかさと根気が求められます。

子どものお手伝いは、はじめから「手伝い」にはならず、かえって手間がかかることもあるでしょう。そのため、忙しいときには、子どもが手伝いたいと言っても「また今度ね」などと拒否してしまい、親の都合がいいときに「手伝ってくれない?」となりがちです。

親には親の都合があるように、子どもにだって都合があります。子どもが「やってみたい」と思ったときが、成長のタイミングです。それを逃さないようにしましょう。

そして、お手伝いでは「ほめ力」を最大限に発揮してください。

まず、「手伝おう」としてくれた気持ちを、「嬉しいな」「ありがとう！」と評価し、さらに、「テーブルを拭いてもらったからピカピカになった」とか、「洗濯物をたたむのが早いね」とか、料理の味付けをさせて「ちょうどいい塩加減だね、おいしいわ」というように、とにかくほめるのです。

決して「ああ、違う、違う」「そうじゃなくて、こうするの！」というような指導はしないように。

「上手だね。ここを○○にすると、もっと上手にできるよ」という具合に、まずはほめてから、課題を与えるように話しかけます。そして、その課題ができたら、またほめるのです。

ほめられると子どもは嬉しいので、次も積極的に手伝いをするようになりますし、繰り返し手伝えば確実にスキルが身につきます。

こうして**家の手伝いができるようになると、生活全般の質もアップし、自信が生まれてきます。**さらに、この自信は、身の回りのことだけにとどまらず、学習でもスポーツでも、人間関係の中でも効果的に働いてきます。

お金は稼ぐものだと教える

お金の教育は非常に重要です。どんなに優秀に育っても、お金の管理がまるでできない人間では、生活が破綻してしまいます。

そして、**お金の教育は大人になってからいきなり身につくものではありません。子どもの頃からしっかり教えていくことが必要です。**

多くの家庭では、子どもに定額制のお小遣いを渡していると思いますが、お金の管理をするのに、定額制のお小遣いはとても有効です。

学用品など授業に必要なものは別として、自分の欲しいもの、友だちと遊ぶお金、買い食いするお金など、決められた金額の中でどうやりくりすればいいか、それを子どもに考えさせるからです。

欲しいものをその都度買い与え、お小遣いも欲しいだけ渡していたのでは、金銭感覚は身につきません。

また、自分たちが家に住めるのも、食べ物を買えるのも、学校に通えるのも、親の収入があるからだということも伝えておくべきでしょう。

子どもは世の中のしくみを知らないので、家のお金がどこからやってくるのか、きちんと教えなくてはわかりません。

ある親が、「お金がないから買えない」と話したところ、子どもが「じゃあ、カードでおろせばいいじゃない」と言ったというエピソードがあります。この子は、単に現金がないなら引き出せばいいという意味ではなく、カードさえあればお金がいくらでも出てくるという感覚だったのです。

日本では、お金について口にすることを、何となくはばかるような風潮がありますが、

「お金は稼ぐものだ」と、子どものうちから理解させましょう。

昔は、「お駄賃」といって、親の用事を手伝うと小銭をもらえるような習慣がありました。

ビールの空き瓶を酒屋に持っていくと、１本５円。肩たたきを10分やると10円、草むしりをすると30円もらえるといった具合です。

これは、労働に対する報酬ですから、「お金は稼いで得るもの」ということを子どもでも理解しますし、何より、働く喜びをしっかりと体験できます。

親の手伝いは家族の一員としてするのが当たり前という考え方もありますが、役割として決まっているお手伝いと、エクストラな部分とを分けて考えればいいでしょう。

たとえば、玄関の靴をそろえるとか、犬の散歩などは家族の一員としてすべき決まった手伝いで、窓拭きや草むしりはイレギュラーなのでお金がもらえるというような分け方です。

こういうシステムを作っておけば、欲しいものがあるけれど、月々のお小遣いでは足りないというときに、自然に「よし、働いて目標金額を貯めよう」という気持ちになるでしょう。

マネジメント教育の基本はお小遣い

決まったお小遣いをどう使うか、これはマネジメント教育の基本です。

マネジメントとは、計画を立て、実行し、その結果を比較・分析・評価することによって、次の計画をより合理的に立てるように配慮する、といった考え・やり方のことです。

定額のお小遣いでは、当然、欲しいものをすべて手に入れられないので、優先順位をつけて、持っている金額と照らし合わせて、買う物を決めていかなければなりません。

これがマネジメントの中の計画・実行にあたります。

そして、お金の使い道を考えることは、「ものの価値」を考えるきっかけにもなります。

金額は少し高いけれど、長く使えるものと、安いけれど一回使えば終わりになってしまうもの、どちらに価値があるだろうか……。

また、そのひとときに楽しかったり気分がよかったりしたこと、あるいは、人づき合いのために使ったお金には、どれだけの価値があったのか……。

どうですか。**「お金のやりくり」を通して、実にさまざまなことが学べます**ね。これが、比較・分析・評価などにあたり、次のお金の使い方の計画をより合理的に立てられるようになるのです。

その際に重要なのは、「子どもの裁量でお金を使う」ということです。

親が「そんなものにお金を使うんじゃない」とか、「こっちを買った方が絶対に後悔しない」などと、余計な口出しをしてはいけません。

親から見れば不要なものだとしても、子どもにとっては、そのときに最も価値ある使い方なのかもしれません。

また、親の言う通り、結果としてもったいない使い方だったとしても、それを子ども自身が「ああ、失敗した」と感じることが大事になってきます。

子ども時代に、お小遣いの使い方で失敗したところで、たかがしれています。しかし、大人になってから、不動産や株にドカンとつぎ込んで、「ああ、失敗した」では取り返しがつきません。

子どもですから、無計画に使ってしまい、追加のお小遣いがほしいと泣きつくこともあるでしょう。そんなときは、すぐにお金を渡さず、まずは、いつ、何に、いくら使ったのかを書き出させます。書き表すと、自分のお金の使い方を客観視できるので、素直に反省を促せます。

親が、賢い使い方を教え込むのではなく、子ども自身が「ああ、こうやって使えばよかったんだ！」と気づくことに大きな意味があるわけです。

ところで、お金の教育で忘れてはならない大きな問題があります。それは、臨時収入についてです。

孫可愛さに祖父母が与える高額なお小遣いは、「計画的にお金を使おう」という子どもの自主性を無力化してしまいます。

なぜなら、無計画に使ってなくなったとしても、「おばあちゃんに頼めばいい」「お正月になれば、おじいちゃんがお年玉をくれるから大丈夫」と考えてしまうからです。ぽーんと1万円もらえるのがわかっていたら、10円、20円を倹約するのが馬鹿馬鹿しくなるのは当然でしょう。

とはいえ、祖父母には孫にお小遣いをあげるという喜びもありますから、それを一方的に奪ってしまうのは気の毒です。よくよく教育方針を話して理解してもらい、あらかじめ金額の取り決めをしておくのも大切です。

また、お盆やお正月に高額なお金をもらった場合は、後にほしいものが出てきたときに買うように貯金することを教えるといいでしょう。

ただし、親が勝手に自分の懐に入れて、使い道をうやむやにしてしまうと、親子の信頼関係にひびが入りかねません。

貯金をしたら、「これで、ほしいものが出てきたときに買えるね」と、子どもに通帳を見せるような配慮が必要です。

第4章

勉強嫌いにさせない親力

「勉強しろ」が勉強嫌いを作る

「うちの子、勉強が嫌いなんです」

「勉強しなくて困っています」

こうした悩みを抱えている親御さんがとても多いようです。

そして、こうした方たちは決まって、

「将来苦労しないために、今、頑張らせなくては」

「何とか、子どもが勉強するようにしつけをしなければ」

と、考えがちなものです。

しかし、結論から言うと、勉強させようと力めば力むほど、子どもは勉強から遠ざかります。もっと言うなら、勉強が嫌いになります。

そして、残念ながら、親が子どもに勉強を教えることはできません。

小学校３年くらいまでなら、まだ何とかなるかもしれませんが、それ以上であれば、子どもの勉強そのものを親がどうにかすることなど不可能なのです。

このように話すと、「それじゃ、勉強しない子どもを、何もせずにただ見ていろと言うのですか？　放っておいたら、ますます勉強しないじゃないですか！」とお叱りを受けそうですね。

私は、学生時代の塾講師や家庭教師歴を含めると、50年近くにわたって教育に携わってきました。下は小学校４年生から上は博士課程の大学院まで、国内外で教鞭を執ってきました。

それと並行して、多くの親御さんと出会い、相談にも乗ってきました。

子どもの特性、親の価値観、社会が教育に求めるもの、それらを肌で感じ、つぶさに見つめてきたからこそ、確信を持って言えるのです。

子どもに「勉強しなさい！」と、口にしてはいけないと。

「勉強しなさい！」が、やる気を奪う

みなさんは子ども時代、親から、「勉強しなさい」と言われたことがありますか。「言われたことがある」という方は、そのときに、どのように感じたかを思い出してほしいのです。

きっと、「うるさいなあ」「ちょっと黙っていてよ」「今やろうと思っていたのに」と感じたのではないでしょうか。

そして、何度も言われるのが嫌なので、しぶしぶ机に向かって勉強したのではないでしょうか。なかには、勉強するふりをして、親の目をごまかしたという人もいるでしょう。

「勉強しなさい！」と強く言われて、俄然やる気が出て、みるみる成績がアップした……という人は皆無だと思います。もし、いたとしたなら、かなりの変人、いや奇特な人でしょう。

叱られたり、強制されるのでは、学力は伸びません。

親の側だって、そんなことはわかっているはずです。なにしろ、自分も子ども時代に十分に経験してきたのですから。

それなのに、我が子を前にすると、ついつい「勉強しなさい！」と言わずにいられないのはなぜでしょうか。

それは、教育というものがとても保守的だからです。わかりやすく話すなら、自分がされたことを、無意識に繰り返してしまうということです。

また、親御さんの多くは、「嫌だろうが何だろうが、勉強はしなくてはいけないもの」と考えています。これは、自分の親からすり込まれた価値観です。

その価値観が根強く心に残っているからこそ、たとえ子どもがぐずぐず言おうが、明らかにやる気を失っているように見えようが、「勉強しなさい！」と口にしてしまうのです。

しかし、「勉強しなさい！」と強制されると、嫌な気持ちになり、やる気が失せ、結果的に成果が出ないのですから、こんなことをいつまでも繰り返す必要はありませんね。気づいたところで、負の連鎖を断ち切るべきです。

叱る子育てから、ほめる子育てにシフトすれば、子どもは親から言われなくても、自ら学ぶようになるものです。

「勉強は子どもの義務」という考えは捨てる

勉強しなさいと言われ続けた子どもは、あるとき、親に尋ねます。

「なんで勉強しなきゃいけないの？」

これに対して、たいていの場合は、「それは将来、役立つからだよ」とか、「やっておかないと後々苦労するから」などと答えるでしょう。

しかし、子どもというのは「今」を生きており、そんな先々のことを言われても、まるでピンときません。

また、「勉強するのは子どもの義務」と考える人もいますが、これも勉強嫌いを生み出す原因です。

考えてみてください。もし、あなたがこんなふうに言われたら、どう感じますか。

「あなたは、しっかり稼いで家計を支えるために、休まず会社に行くのが義務だ」

「炊事、洗濯、掃除をして、いつも笑顔でいるのがあなたの義務だ」

働いたり、家庭を支えることがプレッシャーになり、「苦行」と感じないでしょうか。

実は、「勉強＝義務」と思っている人の多くは、「勉強は嫌なもの」という感覚を持っています。

なぜなら、自分の子ども時代に、勉強しないと叱られたり、怠け者だ、立派な大人になれないよと脅されたり、「勉強しないと、おやつは抜き！」と罰を与えられたり、ろくな思い出がないからです。

だからこそ、恨みつらみのように「勉強は子どもの義務。とにかくやらなきゃダメ！」となるのでしょう。

しかし、勉強は決して苦しいことではありません。

たとえばピアノでも、ギターでも、楽器を演奏するには楽譜を読む必要があります。さらに、作曲をするには、自分で楽譜が書けた方がいいでしょう。

楽譜を読んだり書いたりするのも勉強です。しかし、そのときに、「義務でやっている」という感覚はありませんね。自分の好きなことを上達させようと、「もっとやりたい」という前向きな気持ちで臨んでいるはずです。

スポーツだって同じです。サッカー、野球、バスケットボール、テニス……。それぞれの競技に細かいルールがありますが、好きな子は喜々として覚えます。

彼らは、楽譜を読むことも、ルールを覚えることも「義務だから頑張る」という意識はありません。楽しんで、自発的に取り組んでいきます。

新しいことを知り、自分の世界を広げていくのは、とても楽しいことだからですが、実は、勉強も同じです。

学校の授業で学ぶ「勉強」だけを別物にして、義務だと押しつけるのは、親の側に、子ども時代の嫌な思いが残っているからです。

義務などと押しつけをしなくても、アプローチを変えれば、子どもは大いに学びます。

「勉強は義務」という考え方は、今日から捨ててしまいましょう。

男の子、女の子の子育て

子育てするなら、昔から一姫二太郎（一人目が女の子で二人目が男の子）が良いとされていますね。

そのわけは、女の子の方が、小さい頃は体も丈夫で夜泣きも少なく、育てやすいこと。また、女の子は母親の手伝いを早くからしてくれるので、一人目に生まれるのが理想的だと、昔の人は考えていたらしいです。

しかし、現在は「一太郎二姫」の方が、子育てがしやすいのではないかと私は思います。

昨今、父親が子育てに協力的になったといえども、やはり主流はお母さんです。そして、お母さんが最も心を砕くのは、教育面です。

習い事をさせたり、学校の勉強もしっかり見てやったりするでしょう。特に真面目にコツコツ努力して、偏差値の高い学校に通っていたようなお母さんだと、「娘も同じようにコツコツ勉強するような子に育てよう」と考えるものです。

女同士ということもあって、小さいうちは子育てもうまくいき、娘も母親に教わった通りコツコツと勉強。そして、良い成績をおさめます。

すると、お母さんは、「やっぱり、私のやってきたことは正しかった。こうやって子どもを育てればいいんだ」と自信を持ち、第二子である息子にも、同様の育て方をするでしょう。たとえば、「英単語は一日3つずつ覚えるといい」とか、「勉強は毎日、決まった時間にやりましょうね」といった具合です。

しかし、男の子と女の子は違っています。男の子は、集中力が長く続かなかったり、勉強にムラがあったり、落ち着いて座っていられなかったり……。

すると母親は、「どうしてこれくらいのことができないの?」「お姉ちゃんはちゃんとできていたわよ」と、叱ることが増えてしまいます。

さらに、お姉ちゃんがお母さんに加勢すると、母親と小姑がいるような状態になるので、男の子にとって大きなプレッシャーになるのです。

そんなときに、お父さんが「男の子なんてそんなもんだよ」「オレだって子どもの頃は……」と助け船を出してくれればいいのですが、仕事が忙しくて育児に関わる時間が少ないと、男の子は叱られてばかりになってしまうでしょう。

こうなると、男の子は自信を持てず、積極性や自己表現する力が育たないのです。

しかし、第一子が男の子の場合、お母さんは手探り状態で、懸命に子どもの様子を観察します。そこで、息子に一番合った子育てをするので、うまくいくケースが多いのです。

他の子と比べず、その子の凹凸を見極める

「○○ちゃんは95点も取れているのに、悔しくないの？」

「○○君は、いつもリーダーをやってるんだよね。どうしてあなたはやらないの？」

このように、クラスメイトや習い事の友だちと比べる親御さんがいます。親としては、けなそうとしているのではなく、我が子に気持ちを奮い立たせてほしいと思っているのでしょう。さらに言うなら、「私はそれくらいあなたに期待しているのよ」というメッセージのつもりかもしれません。

しかし、この発言を大人に置き換えて考えてみましょう。

「隣の奥さんは、料理がとびきりうまいらしいけど、君は悔しくないの？」

「○○さんは年収1000万円だって。あなたはどうして500万円止まりなの？」

こんなことを言われて、やる気が出るわけありませんね。それどころか、怒りが湧き、失望するだけでしょう。

「悔しさをバネにする」という言葉がありますが、これは「負けて悔しい。次は絶対に勝つぞ！」「もっと上手にできたはず。次こそは！」というように、自分の内面から湧き出るもので、他人から言われることではないと思うのです。

子どもの力を伸ばすには、けなすより、良いところを見つけてほめる方が、俄然、やる気が出ます。

子どもを見ていれば、その子の能力や興味に、それぞれ凹凸があるのがわかるはずです。

その子の中の凹凸で一番尖っているものが何かを見つけ、伸ばしてやるのが親の務めといえるのではないでしょうか。

「算数はあまり得意じゃないけど、音読は誰より上手だと思うな」

「国語はちょっと苦手だけど、世界の国の首都や県庁所在地をパッと言えるのは、本当にすごいよ」

という具合に、その子が好きなことや得意だと感じている点をほめてやれば、子どもの心に自信が生まれます。

その自信が「よし、算数だって、国語だって、頑張ってできるようになってみせるぞ」と思う力になるわけです。

また、兄弟や姉妹と比べるケースも少なくありません。

「お兄ちゃんは、あなたの年にはもうできていたわ」「お姉ちゃんは言われなくても自分で勉強していた」といった具合です。

比較されて優位に立った方はいいかもしれませんが、そうでない方は面白くないに決まっています。

男女の場合は、そもそも違いがあるのでまだいいのですが、兄弟、姉妹の場合は対立を生む危険性もあります。

ましてや、弟や妹の方が優れている、兄や姉なんだから追い抜かされないようにしっかりしろ、というような言葉は絶対にやめましょう。

本人同士としては、「あいつはこれができて、おれはこれができる」、「妹は○○だけど、私は△△」のように、頭の中に地図ができあがっていて、お互いの領域がわかっているのです。

それなのに、親が兄弟・姉妹を比較して、ああだこうだと余計なことを話せば、子どもの心を深く傷つけることになります。

将来、兄弟・姉妹間でバトルが起きるのを避けたいのなら、子どもたちを比べたりしないことです。

親の夢を押しつけてはいけない

親なら誰でも、「○○ができる子になってほしい」「将来は○○の仕事についてくれたらいいな」というような夢を持っているでしょう。しかし、無意識のうちに親の夢を押しつけてしまうことがあります。

たとえば、過去に野球を頑張っていたのに、甲子園にあと一歩届かなかったという経験を持つ父親が、我が子でその夢を叶えようとするケースがあります。暇さえあれば、キャッチボール、バッティングセンター、走り込み、筋トレなど、徹底した英才教育をするようなパターンです。

父親と同じくらい野球が大好きな子であればいいのですが、そうでなければ、毎日がつらいでしょう。

子どもは親のクローンではありません。もし一生懸命にやっていたとしても、親が一生懸命だから、または親が怖くて仕方なくやっているだけで、これでは、親の身代わりですね。子どもには子どもの人生があるのですから、親は押しつけではなく、その子自身が持っている好きなことや得意な点を伸ばしてやるべきです。

また、親の願いといえば、以前、私が大学で教えていたときに、こんなことがありました。母親が、女子大生である娘のステップアップを邪魔するのです。

母親は若い頃、家庭の事情で進学を断念していました。だからこそ、娘には同じ思いをさせたくないと強く思っていました。

そのため、小さい頃から教育に力を入れ、名門校を受験させ、二人三脚のように頑張ってきました。そして、念願叶って志望大学に合格。娘はさらに頑張って大学院にまで進もうとしていたのですが、なぜか母親は猛反対したのです。

誰よりも応援してくれてきた母親が、手のひらを返すように、ステップアップを阻止してきたのですから、まさに青天の霹靂(へきれき)。このとき、母親のそれまでの応援エネルギーが嫉妬へと変わっていたのです。

この学生のショックは計り知れず、結局、精神的に不安定になり、退学してしまいました。子どもは親の喜ぶ顔が見たくて頑張ります。親の過度な期待にも健気にこたえようとするのです。

そのせいで、挫折を味わったり、自分の目標を見失う子もいると同時に、この学生のように期待以上のことを成し遂げる場合もあります。

自分の果たせなかった思いを娘に託す母親は少なくありません。しかし、自分の期待を超えてしまうと、それが嫉妬に変わるなんて、何とも人間の心理は複雑ですね。

ここから学ぶべきは、「子どもに過度な期待はしてはいけない」ということでしょう。

宿題は、先生と子どもの契約

みなさんは、宿題をやらせるのが親の務めだと考えていませんか。

実は、親が必死になって子どもの宿題をやらせようとするのは、子どものためを思ってというだけではなく、先生から、「だらしない親だと思われたくない」という心理があるからです。

なかには、「しっかり宿題をやるように、親が見てあげてください」と言う先生がいるかもしれませんが、宿題は親の問題ではありません。

別の言い方をするなら、宿題は、先生と子どもの契約です。ここはしっかり意識しておいてください。

そして、**低学年の子どもでも、「宿題は自分の問題」という意識を持つように、口に出し**

て伝えましょう。

なぜなら、低学年のうちに「宿題というのは自分でちゃんとやらなくてはいけないんだ」という意識を持てば、それがずっと続くからです。

夏休みの自由研究などを、親が中心になって仕上げるケースがありますが、先生の方は「これは本人がやっていないな」と、すべてお見通しです。必死に取り組んだとしても何の意味もありません。

それどころか、親が肩代わりすれば、宿題を忘れて恥をかき、「次は忘れないぞ」と肝に銘じるチャンスを失ってしまうでしょう。

ただ、ぐずぐずといつまでも宿題を終えられない子どもを見ると、つい手を出し、口を出したくなる気持ちもわかります。

でも、そんな時こそ見守る力が求められるのではないでしょうか。

特に覚えておいてほしいのが、子どもの集中力は15分程度だということ。高学年になっても、だいたいそれくらいです。

子どもがだらだらと宿題をやっているときに、親はつい、「ちゃんと終わるまで、おやつは食べさせないからね」などと言いがちですが、15分を超えてやらせたところで集中力が上がることはないので、非常に効率が悪いのです。

こんなときは思い切って、

「おやつを食べて、気分転換してから頑張れば」

と、声をかけてやった方が、効果があると私は思います。

また、勉強するときは、静かな子ども部屋でさせようと考えがちですが、そもそも、勉強を特別な事柄でしないことです。特別な条件が満たされないと勉強ができないという状況を作ってはなりません。家族が当たり前に生活するリビングで学習に取り組むのは悪くありません。

最近では、カフェで仕事をする若者が増えていますが、非常にいいことだと私は思います。なぜなら、まわりの人たちの声がBGMに聞こえる、そして聞こえなくなる……というのは、集中している証拠だからです。

学校で、隣の子がごそごそしていると、いちいち気を取られるようでは、勉強に身が入りません。

また、将来、静かな個室で仕事をするのは、本当に限られた一部の人だけでしょう。それならば、**子どものうちから雑音に慣れておく方がいい**のです。

子どもがリビングで勉強するときに、親は家事をしていてもかまいませんが、子どもの近くで読書をしたり、親自身も何かの勉強に取り組んでみたりしてはどうでしょうか。

親は子どもの鑑です。親が楽しそうにまた真剣に学ぶ姿を見せるのは、良い影響を与えるのです。

親が生徒になると、学力が伸びる

小学校3年になったら、親が勉強を教えることはやめましょう。なぜなら、子どもにとって親は親であり、先生ではありません。親が先生のように勉強を教えようとすると、子どもは混乱してしまうのです。

とはいえ、学校に任せっぱなしでは心配。自分も子どもの教育のために何か力になりたいというのが親心でしょう。

そこでおすすめするのが、**「親が子どもに教える」のではなく、「親が子どもから教えてもらう」勉強法です。**

たとえば、みなさんが職場の新人に仕事を教えるとしましょうか。

自分がすでにわかっていること、やっていることを伝えるだけなのですが、何も予備知識を持たない相手に、仕事の内容を理解できるように伝えるというのは、それほど簡単ではありません。

学校で習ってきたことを親に教えるのも同じです。

親に教えるために、まず子どもは頭の中で習ってきたことを整理しなければなりません。それだけでも復習をしていることになりますね。

また、わかっていたつもりのことも、いざ親に教えようとすると、曖昧だったり、ちゃんと理解できていなかったことに気づけます。

そして、教科書やノートを見て確認しながら親に教えれば、さらに内容がしっかり頭に残るのです。

「今日、学校で習ってきたことを、ちゃんと復習しておきなさいよ！」と、ガミガミ言うのではなく、「ねぇ、今日はどんなことを習ってきたの？」と、声をかければいいのです。

子どもの教科書を「ちょっと見せて。へぇ、こんなことを習っているんだ。すごいわね」「こんな難しいことがわかるの？　これはどういう意味？」のように、ほめながら聞けば、子どもは得意になって話してくれるでしょう。

子どもは親に教えることで頭の中の知識が定着していきます。そして、いったん定着した知識はしっかり残ります。

さらに、親子の会話も自然に増えて、関係が良好になります。親は、「うん、うん、そうなの」と聞いて、わかりにくいところを質問するだけなので、とても簡単です。

そう考えると、子どもに勉強を教えてもらうのは、何重にもメリットがあるとわかりますね。

マンガは大いにけっこう

「うちは絶対にマンガを読ませない主義です」という家庭があります。

その理由は、「想像力がつかなくなるから」というものが多いようです。

文字を読んで頭の中でその情景を思い浮かべることが大事で、それを、マンガの絵が邪魔するという論理です。この論理で行くと絵本もダメということになりますね。第3章でも話しましたが、文字や言葉というのはとても抽象的なものです。文字や言葉が表す実体を的確に頭に浮かべる手助けが、絵本の絵やマンガの背景です。また空想小説のように実体のない想像の世界の物語には、画像の助けが必要なものもあります。

私は、文字に親しむことが何より大切だと考えています。

小説に限らず、マンガでも、時刻表でも、駅の広告だっていい。見回せば、どこにでも文字や文章があるわけで、それに興味を持つことが肝心なのです。

マンガに話を戻しますが、最近では、「マンガでわかる経済学」「マンガで学ぶ日本の歴史」といった本が数多く出ています。大人たちがこうした本をすすんで手に取るのは、何よりわかりやすいからでしょう。

マンガでは、文字と絵の両方が情報として入ってきます。子どもは日本語のキャリアが大人より少ないので、それを補塡するためにも、絵があるとより親しみやすいわけです。

文字というものは抽象的で、具体的なイメージを表していません。

たとえば、「ネコ」とか「あおぞら」といった文字を見ても、文字そのものから何かを思い浮かべることはできません。

でも、文字をきっかけに、過去に自分が見た猫や青空を思い出すことで、やっと具体的なイメージになっていくのです。

絵本は、文字と絵が一緒になっていて、絵が具体的なイメージを与えてくれるのですが、マンガも同じです。具体的なイメージを与えてくれることで、物語や本に書かれている内容に興味が持てるようになります。

図鑑を思い浮かべてください。図鑑には、たくさんの写真が載っていますね。深海に棲む魚、熱帯雨林の植物、夜空に輝く恒星……。

しかし、「スターゲイザーフィッシュ」、「オオオニバス」「ガクルックス」といった文字で見ただけでは、ほとんどの人が具体的なイメージを持てません。

しかし、そこに写真が並んでいると、「これがスターゲイザーフィッシュという魚か。目玉が頭の上についてるから、『星を見つめる』という名前になったんだな」と理解できるでしょう。また、「オオオニバスというのは、びっくりするほど大きいなあ」「ガクルックスというのは、みなみじゅうじ座の恒星なんだ」と、興味が膨らみます。それが何より大事な点です。

マンガやアニメにはこのように理解しやすい特徴があるので、日本のマンガやアニメが文化や風習の違う世界の国々で受け入れられている理由も理解できると思います。

少し話はそれますが、私がアメリカで仕事をしていた頃、まだ小さかった二人の息子は、『キャプテン翼』『聖闘士星矢』『こちら葛飾区亀有公園前派出所』などのマンガを愛読していました。

2か月に一度、ニュージャージーにある紀伊國屋書店で、20ドルずつ渡して、2人で協力しあいながら選んで買った本です。

日本の本が簡単に手に入る状況になかったので、彼らは繰り返し、それらの本を読み、しまいには内容を暗記してしまうほどでした。

特にお気に入りだったのが、『キャプテン翼』です。主人公の大空翼と、サッカーに打ち込むさまざまな少年たちの活躍と成長を描いた物語ですが、息子たちは登場人物（子ども同士）の会話を通じて、気持ちの伝え方や表し方を覚えていったようです。

登場人物の台詞を読んで、「ああ、こういうときはこんなふうに言えば伝わるんだ」「こんなふうに話すと、相手を傷つけずにすむんだ」というような感情の学びも、マンガにはあると思います。

壁にぶつかったときこそ、成長のタイミング

学習塾に通いはじめて、しばらく頑張っていると、子どもの成績が面白いように上がることがあります。

こんなとき、親御さんは、「やっぱり通わせてよかった。この調子で頑張ってほしい」と思うでしょう。

しかし、しばらくすると、はじめのように成長のスピードが顕著ではなくなり、そのうち止まってしまう場合もあります。

こうなると、「最初は頑張っていたのに、中だるみじゃないか」「変に自信がついて、なまけるようになったのかもしれない」などと心配します。そして、「はじめの頃のように、もっと頑張りなさい」と叱咤激励しがちです。

子どもからすると、ちゃんと頑張っているつもりなのに、思ったより点数が上がらないため、面白くありません。いわゆる「壁にぶつかった」状態です。

しかし、これは成長が止まったわけではありません。単に「成長の最初のサイクルが終わった」ということなのです。

たとえば、学校の部活動で考えてみましょう。中学1年の春にバスケ部に入部して、ドリブルやパス、シュートの練習をするとします。基礎練習の繰り返しで、それなりにこなせるようになりますね。

まるで何もできなかった自分が、何とか形になったと実感できるので、子どもにとっては楽しくて仕方ないでしょう。

ところが夏休みを過ぎたあたりから、はじめの頃のような成長を感じられなくなり、マンネリ感が出てつまらなくなってきます。

これが、「成長の最初のサイクルが終わった」ところです。

この段階で「うまくならないから、つまらない」とやめてしまえばそこで終わりですが、それでも頑張って練習を続けていると、また、「あれ、なんか上達してきたようだ」と感じ

すべての成長は「S字カーブ」を描く

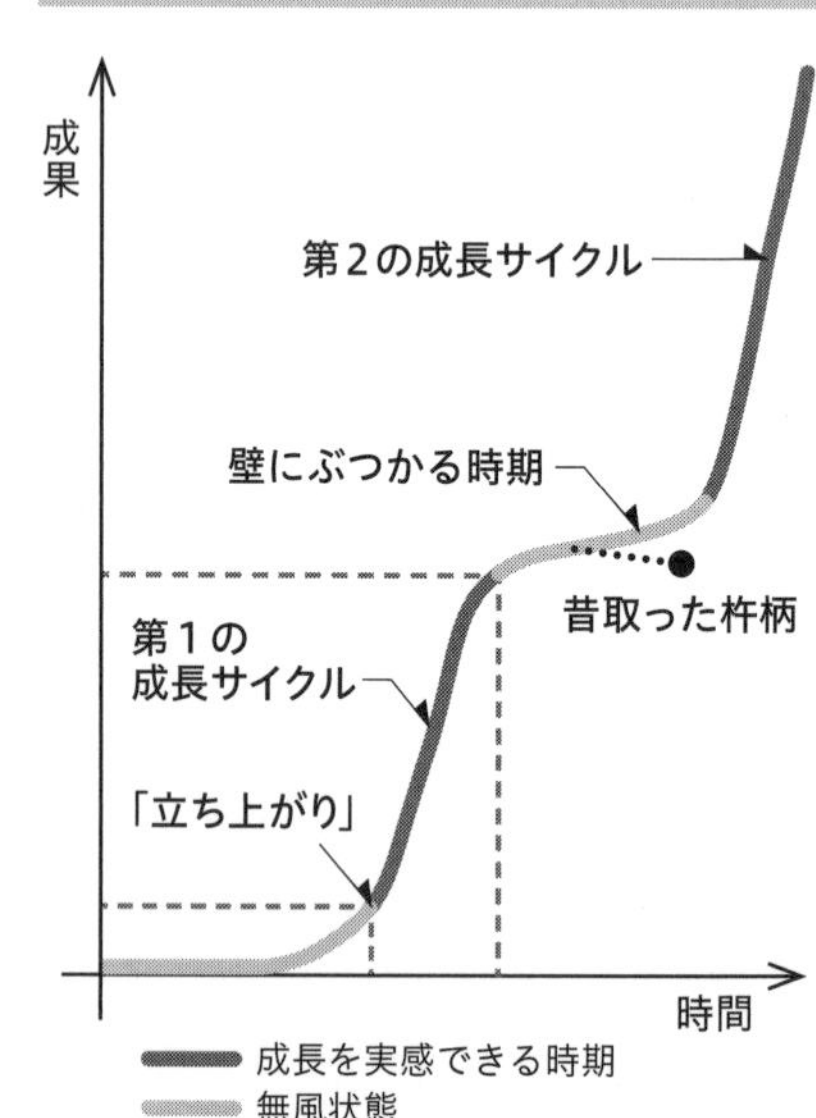

るときがくるものです。

上の図をご覧ください。これは成長のサイクルをグラフにしたもので、よく見ると、S字にカーブしているのがわかりますね。このように、すべての成長は「S字カーブ」を描くのです。

成長し続ける人は、この「S字カーブ」を何度もつなぎあわせられる人といえます。

最初のサイクルが終わって壁にぶつかったと感じても、また、次の「立ち上がり」が来るまで根気よく頑張る。するとまた大きく伸びて壁にぶつかり、それでも頑張ると、また立ち上がりがやってくるという繰り返しです。

つまり、**「壁にぶつかる」ことも、ひとつの成功体験**といえるわけです。なぜなら、壁にぶつかるまで努力できない人もいるからです。

「前みたいに成長が感じられない」ということは、すでに習得してしまったから成長を感じられないということ。だから、自信を失う必要はありません。

人は誰でも、何かができるようになると喜びを感じます。しかし、その喜びはずっと継続しないので、「また、あの感覚を味わいたい」と思ってさらに頑張るのです。

つまり、成長するためには、壁にぶつかるまで頑張ることが重要。その前にやめてしまえば、それまでの努力が無駄になってしまいます。

しかし、世の中には、壁にぶつかってそのままという人もいます。

図の中央部分、壁にぶつかる時期からちょっとだけ下がったところ、ここが「昔取った杵柄」に当たる場所です。

ですから、親御さんにはぜひ、この「S字カーブ」を覚えておいてほしいのです。

子どもが何かをやりはじめて、途中まではぐんぐん伸びていたのに、ある時期に停滞する。そのときに、「どうしたの?」「もっと頑張りなさい!」とむやみに言うのではなく、「きっとS字カーブの壁にぶつかる時期にきたのだな」と心得ておいてください。

そして、

「大丈夫だよ。続けていけば、必ずまた、ぐんと伸びるときが来るからね」

「壁にぶつかるまで頑張れたのは、すごいことなんだよ。このまま頑張ろうね」

と、励ましてやってほしいのです。

先の見えない努力は苦痛ですが、先が見える努力はやる気につながります。上手にほめて、子どもの実力を伸ばしてやりましょう。

第5章

尖った子どもの勉強・受験

ICT教育の本質はペーパーレス

２０２０年の春、新型コロナウイルスの感染拡大によって、全国の小中高校が休校になりました。

その際に、スマートフォンやタブレット、パソコンを使ってオンラインで行うリモート授業が脚光を浴びました。

そのため、「ＩＣＴ（Information and Communication Technology）教育＝リモート授業」だと考える人が多いのですが、その本質は違います。ＩＣＴ教育の本質は、ペーパーレスの教育です。

私が学園長をしている北鎌倉女子学園では、２０１８年からＩＣＴ教育を開始しました。

入学時、全員に同じｉＰａｄを配布し、それを授業で使っています。リモートのためではなく、対面授業の場で使用しているのです。

これまでの授業というのは、先生が黒板に字を書いて、生徒がノートに写し取るという作業がありました。しかし、**ＩＣＴ授業では、先生が作った授業用の資料がｉＰａｄの画面にパッと出てきます。その資料をもとにして、あとはほとんどがグループ学習で、課題や設問についてグループで議論し、発表などをするアクティブ・ラーニングです。**

この授業の優れた点は、板書をいちいち写さなくてもいいところでしょう。

思い浮かべてください。先生が板書をし、生徒がそれをノートに書き写すときは無言になりますね。この時間は非常にもったいないと思います。

教える側の先生というのは、そもそも勉強が好きな人なので、「こうして黒板を書き写しながら、生徒は内容を理解し記憶している」と思い込んでしまうのですが、大多数の生徒は、ただ一生懸命に書いているだけで、内容が頭に残っていない、ということがわかってきました。

そのことが、ベストセラーとなった『「考える技術」と「地頭力」がいっきに身につく東大思考』（東洋経済新報社）の中にも記されています。

著者の西岡壱誠さんは、非常に真面目な生徒で、授業中は一生懸命ノートを取っていたけれど、授業を再現しようと白紙を渡されると、何も書けなかったそうです。そのため、残念ながら、高校時代は偏差値が35だったそうです。

しかし、勉強方法を変えてみると、二浪して東大に合格できました。

限られた授業の中で、板書を写している時間は、何とももったいないものです。それなら、板書する予定の文字や図をタブレットの中に入れてしまった方がずっと効率的でしょう。

そして、書き写すために使っていた時間を、自分たちで考えて発言する「アクティブ・ラーニング」に変えれば、しっかりと頭に残るのです。

カンニングペーパー勉強法

板書をただ書き写すだけでは学習効果が期待できませんが、ノートの書き方によっては、理解を深め、知識を定着させることができます。

もちろん、参考書や教科書を丸写しにするだけでは意味がありませんが、ノートをキーワードの納め場所として活用すればいいのです。

授業で習った内容を、自分なりにコンパクトにまとめてみる。それによって自分の中で「目次」ができあがればＯＫです。

ノートというのは、頭の中で授業を再現するための道具ですから、極端な話、殴り書きでも、マンガでも、記号でも、自分が思い出しやすければ、どのように書いてもいいわけです。

最近、「東大生のノートの取り方」や「賢い子のノート」というような本が出ています。それを真似するのもいいですし、自分のノートがかけ離れていても何の問題もありません。

ところで、みなさんは、カンニングペーパーを作ったことがあるでしょうか。

カンニング自体は許されませんが、カンニングペーパーを作るという作業だけを見ると、試験勉強で最も有効なやり方といえるのではないでしょうか。

なぜなら、限られた小さなスペースに書き込まなければいけないのですから、何が大事なのか、どうやったら関係が一目でわかるかを、必死に考えることになります。すると、カンニングペーパーができあがった頃には、大切なことをしっかり覚えてしまうわけです。

自分の中にある知識をアウトプットすることで知識の定着ができますし、狭いスペースに咀嚼（そしゃく）して定着したものを書くことで、さらに理解が深まります。

前の章で、「親が生徒になって子どもに勉強を教えてもらうのが良い」と話しましたが、カンニングペーパーは、テストを受けるときの自分、つまり未来の自分に教えているのと同じですから、非常に学習効率が良いわけです。

毎日、コツコツと勉強をするのは大切ですが、それだけでは、高校になって範囲がぐんと増えると、時間が足りなくなってしまいます。

だからこそ、ノートの使い方ひとつとっても、効率の良さが大切になってくるわけです。

学校で黒板を書き写したノートを、またきれいに色分けして書き直す子どもがいますが、労力の割に身につきません。

勉強は、それなりにやらなくてはならないものですが、できるだけ短い時間で理解できるように工夫する習慣が大事になってきます。

小学校、中学校、高校、大学の16年間の教育が何を意味するかというと、三千年もの人間の歴史の知識を集約したもの。つまり、16年間で、三千年分の知識の泉を次の世代に引き継がせるということでしょう。

ほとんどのものがそぎ落とされてエッセンスだけになっているわけですが、それが教育というものなのです。

学びのデジタル化不安と可能性

「勉強のデジタル化が進むのは、何となく不安です」

親御さんからそういう声を聞くことがあります。パソコンやｉＰａｄなどを使った授業を受けていない世代にとっては、「何だかよくわからない」というところに不安の原因があるのではないでしょうか。

テレビが普及し始めた１９６０年代後半には、「テレビばかり見ていると、現実世界のことがわからない子どもに育つのではないか」「テレビを見せない方が、子どものために良いのではないか」という議論が盛んに行われました。しかし、50年たった今、そんなことを言う人は誰一人いません。

現在では、心配の種はスマートフォンやゲーム、ＳＮＳなどに移っていますが、新しいものが受け入れられるには、どうしても時間がかかるものでしょう。

そして、物事には必ず良い面と悪い面があり、その両面に目を向ける必要があるのです。

たとえば、デジタル化によって、授業の内容はさまざまに広がります。

学校ではできない難しい理科の実験も、動画を使えば一目瞭然。実際に目に見えない反応までを映し出すことができます。

図形を学ぶときには、３Ｄ画像の方が立体をイメージしやすいし、学習アプリ、ＡＩドリルなどで、自主学習の幅も広がります。

また、国語の授業でデジタル教材や教科書を使えば、手軽に言葉を検索でき、そこからさらに文章の世界が深まっていくでしょう。

また、教員側としても、プリント類を印刷する必要がなくなり、配布や指示が一本化できます。さらに、授業の最後5分に書かせる振り返りコメントも瞬時に提出できるので、生徒一人ひとりの授業の浸透度をしっかり把握できます。

このやり方であれば、人前で発言するのが苦手な生徒も、自分の思いを教師に伝えやすくなります。

もっとデジタル化が進めば、他校の好きな教科をオンライン授業で受けたり、大学の講義の先取り学習も可能になるでしょう。

デジタル化によって一人一人の生徒に対応することが可能になるので、「落ちこぼれ」や「浮きこぼれ」と呼ばれる、その科目が苦手な生徒や極めて得意な児童や生徒が、通常の学校の授業内容に疎外感を持たずにすむでしょう。

しかし、デジタルがいかに優れているといっても、端末という小さな世界の中だけにとどまってしまえば、学びの枠は狭くなってしまいますね。

デジタルを使いつつ、外へと飛び出す学びを意識すれば、どんな子どもにとっても学習の幅と可能性を広げてくれると思うのです。

プログラミング教育は決して難しくない

２０２０年度から、小学校でプログラミング教育が必修化されました。

プログラミングという言葉のイメージから、「専門の塾に通わせなければいけないでしょうか」「そんな難しいことを、果たして小学生が理解できるでしょうか」と不安に思う親御さんがいます。外国語を語源として、カタカナで通用している言葉が意味することを正確に理解することは難しいと思います。本質を表す漢字に翻訳してはじめてその内容が伝わるようになると思います。プログラミングとは、「コンピュータに段取りを指示すること」と翻訳すると、愚痴的に理解しやすいでしょう。

夕食を作る段取りを例にして考えてみましょう。まず晩御飯を何にするか決めます。購入すべき食材を冷蔵庫の保存食材を調べながらメモします。スーパーに行って、メモに従って購入するわけですが、もっと美味しそうな食材が目に入り、セールで安い食材がある場合には、メモの内容を微調整して、買うものを変える場合もあります。帰ってきて調理を始めますが、手際よく進めるためには段取りに間違いがあってはいけません。まず機械に任せられる作業、例えばご飯炊きなどは炊飯器にセットして、終わらせるでしょう。調理の手順も煮込みなど時間はかかるけど手が空く料理と手を動かさなければいけない料理をうまく組み合わせると、時間が2重にも、3重にも使うことができます。このように段取りの優劣が仕事の成果の良否に影響してきます。段取りは夕食に限らず、本の編集にしても、パーティーの準備でも極めて重要なステップです。

この段取りをコンピュータに指示する指示書がプログラムです。段取りをコンピュータが理解できる言語に翻訳するのが、プログラム（指示書）を作成するプログラマーです。コンピュータは本来経験を蓄積しませんから、1から10まで指示書で指示しなければなりません。究極の指示待ち族です。経験豊富な人は1を聞いて10を知ることができるので、細かな段取りを指示しなくても任せることができますが、コンピュータは新人のままでした。

しかしコンピュータに経験を蓄積させ、その蓄積した経験で判断をさせる技術が急速に発展してきました。それがＡＩ、人工知能です。コンピュータの記憶力は抜群でいくらでも過去の経験を覚え込ませることができます。経験に基づいた判断を迅速に行うことができるので、人間の活動に大いに役立つと思います。

ただ、コンピュータは未経験の事柄には全く無力です。ＡＩ技術がどんなに進歩しても、人間の頭だと考えだすことのできる全く新しいアイデアを、コンピュータは生み出すことができません。コンピュータと人間の頭脳が、それぞれの得意分野をカバーして共存すれば、人間にとって希望に満ちた未来が開けると思います。

昨今、子ども向けのプログラミング教室が増えています。実際にロボットを動かしながら、プログラミングを学んでいくスタイルの授業が多いので、「プログラミング教育というのは、ロボットを作ること」と誤解する人もいるようです。

しかし、ロボットを作るのがプログラミング教育の目的ではありません。ロボットを動かすのは、あくまでプログラミングを理解するためのツールです。抽象的なことで授業を進めても、子どもたちは飽きてしまうので、実際に何か動くものを作り、それでワンステップワンステップの命令がどう機能するかと理解させているわけです。

現在、多くの仕事がコンピュータによって行われます。それに指示を出すためには、ステップバイステップの命令が必要です。そういうことに、子どものうちから慣れておきましょう、「何となくわかった」では困るというのが、プログラミング教育が始まったきっかけです。

英語教育で、きれいな発音にこだわる意味はない

子どもの英語教育をいつ始めるかについて、心配される親御さんが多いようです。

小学校での英語教育が必修化されたこともあり、「幼稚園の段階で習わせなければ遅れを

取ってしまう」とか、「生まれたときから英語に触れさせなくては手遅れになるのではないか」と考えるようなのです。

しかし、そうした心配はまったく無意味だと思います。

日本の親御さんが英語を早く習わせたいと思う一番の理由は、きれいな発音でしゃべらせたいからではないでしょうか。成長する時期に、きれいな英語に触れさせれば、きっときれいな発音ができるようになるだろうと考えるのでしょう。

しかし、「きれいな発音」とは、そもそも何を指しているのでしょうか。

国連総会にしても、アメリカの連邦議会にしてみても、「きれいな英語」で話している人がどれだけいるでしょうか。

アメリカの連邦議会でよく言われるのが、「あそこで行われる演説が全部わかる人は誰もいない」ということ。つまり、それだけみんな「なまり」が強いのです。

英語というのは世界言語ですが、アメリカの中でも南部の英語、ヒスパニックの英語、主流になっているボストンのニューイングランドの英語とは、すべて違います。南部の英語などは、ほとんど聞き取れないほどです。

これは、同じ日本語でもさまざまな方言があり、津軽弁や鹿児島弁、沖縄の方言などがその地域以外の人々には聞き取れないのと同じですね。

インド人は自分は英語のネイティブだと思っていますが、実は、これも、癖が強い英語です。

日本人の考えるネイティブは、キングズイングリッシュ。これが一番上品で良いとされていましたが、私に言わせると、キングズイングリッシュというのは皮肉屋の集まりみたいなものです。

英語は土地によって音が異なり、たとえばハワイの英語はピジンイングリッシュといいますし、日本人の英語は日本なまりの英語です。

私は、オーストラリア人の英語を初めて聞いたときにびっくりしました。「これが英語か?」と思ったくらいです。最初にびっくりしたのは、ＤＡＹ（日）を、「ダイ」と発音することで、「スリーダイス」と言われたときには、「３人死んだのかな?」と思ってしまいました。そのくらい違うのです。

ですから、小さい頃から英語を習わせれば美しい発音になるというのは、妄想のようなものです。

どこかの土地の英語に近い発音になるかもしれませんが、まったくの徒労だと思うのです。

英語を学ぶ前に、日本語をしっかり話せるように

「発音のことを抜きにしても、できるだけ早い英語教育は絶対に必要だ」

そう考えている親御さんには、言語というものの捉え方を、今一度、よく考えてほしいと思います。

みなさんは、母国語がどうやって決まると思いますか。国籍でしょうか。住んでいる場所でしょうか、親の遺伝子でしょうか。

母国語というのは環境によります。つまり、生まれた後の環境がその子の母国語としてつ

ながっていくものです。

たとえば、フランス人の父親と中国人の母親が、アフリカのケニアで子どもを産んで育てたとします。両親がずっと英語で話しかけて育てれば、その子の母国語はフランス語でも中国語でもスワヒリ語でもなく、英語になるということです。

子どもが話し始めるのはだいたい1歳半から2歳くらいなので、その2年間に浴びせられた言語が、その子の母国語になります。

そして、母国語を理解するためには、行動がセットになっている必要があります。具体的に話すと、おむつを替えるときに、「気持ちよくなったね」「さっぱりしたでしょう」などと声をかけますね。すると赤ちゃんは、さっぱりというのはこういう感覚なのかと覚えます。

授乳した後に「お腹いっぱいになったね」と言われて、ああ、これがお腹いっぱいということなのか、という具合に、いろいろ話しかけられて、母国語が形成されます。言葉というものの役割を身につけていくわけです。

そして、子どもが話し始めてしばらくたつと、反抗期がやってきます。何をしても

「嫌！」となる時期です。

反抗期がある理由は、言いたいことがあるのに、それを表現する力が身についていないため、「嫌！」となるのです。自我が芽生えて、自分なりの考えや表現したいことがあるのに、言語能力が追いついていない状態です。

自分の感情をきちんとした言葉で伝えられるようになるのは、小学校を卒業する頃です。その段階でやっと、母国語が習得できたといえるでしょう。

まず一つの言語があって、それを用いて十分に自己表現できるようになったあとに、外国語というものが付いてきます。

だから私は、中学から英語を始めても遅くないと考えています。

興味のあることから英語につなげていく

ただ、「小さいうちは絶対に英語を学ばせてはいけない」ということではありません。子どもが興味を持つようであれば、やらせればいいでしょう。

北鎌倉女子学園の教員で、離島で生まれ育った人がいます。そこでは英語塾も特別な教材もなかったけれど、その人はビートルズにはまって、せっせとレコードを買って聴いていました。

そして、「良い曲だな、いったいどんな内容なんだろう」と、調べているうちに、英語がわかるようになり、結果として英語教師になったそうです。

こうした例もあるのですから、子どもには、試しにセサミストリートや英語番組などを見せてみればいいと思います。喜んで見ているのならそれでよし。自然に英語を覚えていくかもしれません。

以前、開成学園の英語の先生と話をしたとき、最も懸念していたのが、英語嫌いにしてしまうことでした。

序章で、勉強に関する集団の話をしましたが、勉強と聞いただけで寒気がするようなグループは、勉強に対してのトラウマがあります。

英語に関しても、そういうトラウマを持った子どもにしないように気をつけないと、その後の教育ができなくなってしまいます。

たとえば、小さい頃に、好きでもないのに英語のドリルを無理矢理やらされた、できるまでおやつをもらえなかった、発音を笑われたなどで、そういう嫌な思い出があると、大きくなってからも英語と聞いただけでフラッシュバックして、拒絶反応を起こしてしまいます。

ですから、英語学習が始まるからといって、親の方があせって、子どもの興味がないのに無理矢理に英語塾に通わせたりしてはいけません。英語嫌いを作らないことの方が大切です。

ただ、子どもの興味というのはどんどん移り変わりますから、幼稚園の頃は英語にまったく興味を示さなかった子が、小学校に入って突然、「英語を習いに行きたい」というケースもあります。

そんなときはぜひ、やらせてみてください。

英語に限らず、一番大切なのは、子どもが好奇心を持って夢中になることです。

夢中になるというのは、集中している状態です。集中していると、自分の24時間という時間を3倍にも5倍にも使えるでしょう。

集中するのは楽しいという感覚を身につけることが、子どもの尖った才能を伸ばすことにつながります。

受験の主人公は子ども

大学入学まで考えている子どもにとって、中高一貫校は非常に望ましい教育の形だと思います。

中学生、高校生の段階になると、教員でも親でもなく、友だちからの影響が最も大きくなるので、友だちを作るうえで、６年間の集団というのはとても良いわけです。

特に、上級生が下級生の面倒をよく見ているような学校は、お互いにプラスになります。

学校を選ぶときには、そういう点もチェックするといいでしょう。

つまり学校を選ぶうえで最も重視すべきことは、子どもと学校の相性です。

そこで、運動会や文化祭、説明会などには積極的に足を運んでみてください。実際に行ってみて、学校や先輩たちの様子を見ると、自分に合っているかどうかが何となくつかめるはずです。子ども自身が、「ここの生徒になりたい」という憧れを持つことが大事なのです。

反対に、「昔、自分が通いたかった」「この学校に通わせたらかっこいいだろう」など、親の思いや希望を優先してはいけません。

お金を出すのは親ですが、受験するのも、学校に通うのも、子どもです。**受験の主人公は子どもだと心得てください。**

だからこそ、どの学校を受験するかは、子ども本人が最終判断を下すべきです。

そうでないと、学校に入ってうまくいかなかった場合に、「本当は別の学校に行きたかったのに、お父（母）さんがここを受けろって言ったから……」ということになりかねません。

また、受験校を選ぶ際に、偏差値は参考になりますが、絶対ではありません。もし偏差値が足りなかったとしても、「あの学校に行きたい」という気持ちが力になり、成績がどんどん上がることは珍しくありません。

もし、頑張って合格できなかったとしても、そこで終わりではなく、「目標に一歩近づいた」と捉えればいいわけです。

親子で覚えておいてほしいのが、「第1志望に合格するのは全体の1割程度」という点です。

3倍、4倍といった倍率ならば、当然、第2志望、第3志望の学校へ行く子どもがいるわけです。もちろん、第一志望校に合格するにこしたことはありませんが、ほとんどの場合、別の学校に通うようになるのです。

我が子を応援する気持ちは理解できますが、親が、「何が何でも第1志望！」という態度なのは好ましくありません。

子どもだけでなく、親までもが「第1志望に受からなかった……」と落ち込んでしまうことがないように、いろいろなシーンを想定しておきましょう。

トップを狙うためにランクを下げるのは間違い

「たとえ合格できても、学校に入ってからついていけないと困るから」
「どうせ入学するなら、成績上位でいられる学校がいい」

そうした理由で、**ワンランク下げた学校を受験させようとする親御さんがいますが、この考え方は改めるべきです。**

なぜなら、どこの学校でも、入り口（入学時）の順位と出口（卒業時）の順位には相関性がないからです。

補欠でギリギリ繰り上げ合格になった子どもは、入学してから苦労するように思われがちですが、新しい環境にいち早くなじんで生活力を身につければ、ぐんぐん成績が伸びる場合があります。

逆に、トップで入学しても、学校生活になじめずにリズムがつかめないと、伸び悩むケースも珍しくありません。

つまり、入学時の点数よりも、学校に入ってからいかに柔軟になじんでいくか、自分の居場所、ポジションを見つけられるかが重要になってきます。

どんなに優秀な子どもでも、「第1志望を落ちて、仕方なく第2志望に来たんだ」というネガティブな思いを引きずっているようでは、良い結果は出ません。

月並みな表現ですが、「学校に通うのが楽しいかどうか」がとても重要と思ってください。

たとえば、開成中学では毎年300名が入学してきますが、ほとんどの生徒が、それぞれの小学校の成績がトップクラスで、いわゆる「神童」と呼ばれてきた子どもたちです。

入学して1か月半ほどで試験があるのですが、その結果で順位がつけられます。これまでは、1位しか取ったことがないような子たちが、それぞれの順位に振り分けられるわけです。

これまで通りトップを取る子や、「自分が一番だと思っていたけれど、上には上がいるものなんだ」と思える子はいいのですが、「こんなはずじゃなかった……」と現実を受け入れられない子どもにとっては、非常につらい状態になります。

だからこそ、開成ではテストの結果だけでなく、一人ひとりが持っている固有のものを大切にし、「勉強ができることは価値があるけれど、それはたくさんある素晴らしい価値のうちの一つに過ぎない」ということを実感できるような教育を行っています。

テストの点数や成績表はわかりやすいため、「勉強ができること」に価値を置きがちですが、それに固執し、点数の良し悪しで一喜一憂していると、磨けば尖る才能を埋没させてしまいます。

成績や順位を上げるという目先のことではなく、「自信のある子どもに育てる」という目標を、親御さんには掲げてほしいのです。

スペシャリストが求められる時代

親なら誰しも、我が子の幸せを願っているでしょう。

将来、健康で安定した暮らしを送ってほしい。そのためには、勉強をして、少しでも良い学校に合格し、少しでも良い会社に入らなくてはならない……。そのように考えていないでしょうか。

しかし、終身雇用も年功序列も崩壊の一途をたどり、大企業も倒産する時代です。無事に就職したとしても、そこが安泰のゴールにはなりません。

平成の30年間で、さまざまな仕事がコンピュータに取って代わられました。さらに、今ある仕事の約半分は、やがてＡＩやロボットの仕事になるのではないかという予測も出ています。

つまり、**成績が優秀というだけでは生き残れない時代が、すぐそこまでやってきているわけです。**

これからの時代で求められるのは、たとえ能力にかたよりがあったとしても、「これだけは自信がある！」という武器を持つ「尖った人」ではないでしょうか。

尖った人は、「自分は何ができるか」「何をやりたいか」が明確です。自分の得意なことがちゃんとわかっています。

私が長く校長を務めていた開成中学・高校は、「東大合格者数ナンバーワン」のため、偏差値至上主義のように思われがちなのですが、とんでもない。まったく違います。

大学を卒業してからの長い人生を充実して送るための教育を重視しており、東大進学を推奨することもありません。東大でやりたいことがあるから、結果的に進学率が高いだけなのです。

たとえば、開成高校から大学に進学せず、花火師や競馬の調教師となり、大活躍している人がいます。彼らは、自分の特性や得意なことをちゃんとわかっているからこそ、「これがやりたいんだ」という強い意志があります。それ故に、厳しい世界でも成功をおさめているわけです。

また、「クイズ王」として人気の高い伊沢拓司さんも、開成中学・開成高校の卒業生です。東京大学在学中、そして卒業後も、タレントとしてテレビ出演、講演活動、ユーチューバー、クイズを題材とするウェブメディアの会社を設立するなど、まさに、八面六臂の大活躍をしています。

伊沢さんもまた、自分が好きなこと、得意なことをとことん突き詰めて成功をおさめたのです。

「好きこそ物の上手なれ」ということわざがありますが、本当にその通りだと思いませんか。

高校入試の際には、スペシャリストを育てる商業、工業、農業など専門の高校をワンランク低く見るような傾向が世の中にはあるようです。しかし、これは間違っています。

何でも広く浅くできるジェネラリストではなく、その人にしかできない仕事があるというスペシャリストこそが、活躍できる時代になるからです。

自分に対するリーダーシップ

リーダーシップには2つの種類があります。

ひとつは、集団に対するリーダーシップで、団体や組織をとりまとめて、進むべき方向性を示して牽引していく力です。

学生でいえば、それを担うのが、生徒会長、クラブの部長、学級委員といった存在でしょう。

たとえば、弱小の運動部が「地区大会優勝」という目標を掲げたとします。リーダーである部長は、今のチームに何が足りないのか、何が強みなのかを見極め、改善計画をたてて行動に移していきます。

部員の募集、練習方法の改善、時間や場所の確保、学校との交渉、部員一人ひとりに役割を与えて士気を高めるなど、リーダーによってやり方は異なりますが、目標に向かって最大限の力を発揮できるようにチームを引っ張っていきます。

もうひとつのリーダーシップは、自分に対するリーダーシップです。

自分の強みは何なのか、自分が本当にやりたいことは何なのか、混沌とした自分の素質と好みからいろいろなものを取捨選択し、それをまとめ、目標に向かってひとつの流れにすることです。自分に対して選ぶことなので、自分に対するリーダーシップを発揮することになります。

子どもがまだ小さいと、イメージが湧きにくいかもしれませんが、将来、どんな職業生活をするかというのは、とても大切なことでしょう。

そこに至る道筋では、さまざまな要素を選択しなくてはなりません。

そういう意味で、烏合の衆をいろいろ配置してひとつの組織として引っ張っていくのが、社会における外向きのリーダーシップとしたら、自分の中にあるいろいろな要素から取捨選択してひとつの方法に集約し、自分の人生を構築していくのもリーダーシップです。

自分に対するリーダーシップを発揮できる子どもは、「自分」というものをしっかり持っています。得意なことがわかっているので、たとえ集団におけるリーダーにならなくても、流されたり、不安になりません。

なぜなら、「これだけは自分の領域」「ここだけは自分にまかせて」という自信があるからです。

たとえばハローワークに行ったときに「あなたは何ができますか?」と聞かれて、「これが得意です」と自信をもって答えられる人であればいいと私は思います。

「あなたは何ができますか?」という問いに、「私は部長ができます」という答えでは困るのです。

だからこそ、子どもが好きなこと、夢中になっている点をどんどんほめて伸ばしてあげてください。

すべてに平均点を目指すのではなく、苦手はあるけれど、何かひとつポーンと突き抜けて尖っている……それが重要なのです。

苦手なことについては、必ず必要になるときが来ます。

たとえば、数学は突き抜けて優秀だが国語がまるでダメという人だって、社会に出れば、仕事上で報告書もメールも書かなくてはなりません。

文系は得意だけれど、数字がまるでダメという人でも、社会人になれば、出張旅費の精算もすれば、収入以上にお金を使わないように計算して生活するでしょう。

そうやって、苦手なことは、必要と感じたときに埋めればいいのではありませんか。

第6章

難しい年頃に対応する

反抗は成長の証

「最近、急に無口になって。どうしたのって聞いても不機嫌そうな顔をします」

「部屋に閉じこもってばかりで。いったい何をしてるのか……」

小学校の高学年になった頃から、このような不安を抱える親御さんが増えてきます。いわゆる思春期の到来です。

なかには、「うるさい！」「ババア」などといった暴言を吐く子もいて、ショックを受けることも多いでしょう。

女の子の場合、同性であるお母さんは、「そういえば、自分もあの年頃は……」と振り返ることができますが、男の子は「未知の生き物」のように感じて、どうすればよいかわかりません。

でも、ご安心ください。思春期を迎えたということは、子どもが順調に成長している証拠です。こんなときこそ、親はどっしりと構え、見守る余裕を持ちたいものですね。

思春期とは第二次性徴期ともいい、体にさまざまな変化が起こります。

個人差はありますが、男の子の場合、睾丸の発達、陰毛の発生、精通、声変わり、体つきがたくましく変化するなどです。女の子は、月経が始まり、中性的な子どもの体から女性らしい丸みを帯びた体に変化します。

体に起きる急激な変化に子どもは戸惑い、気持ちが不安定になります。そして、些細なことにもイライラし、感情をコントロールできなくなります。

親と距離をおいて自立したいけれど、まだ親の庇護がなければ生きていけない。親に反発したいけれど、不安でたまらず、頼りたい気持ちもある。自立と依存という正反対の気持ちが、心の中でぐるぐる渦巻いている状態です。

また、この時期は友だちとのつながりが強くなります。友だち同士だけでわかり合える会話やルールが生まれ、それが楽しくて仕方ありません。

親からすると、「親に隠していることがあるのではないか」「何かよからぬことをやっているようだ」と感じ、つい口うるさく質問しがちですが、子どもからすると、そういう心配が「うざい」のです。

友だち同士であれば、短い言葉でわかり合えることも、親だと一から十まで説明しなければなりませんし、そのうえ、あれこれ注意されるのも嫌。だから、思春期の子どもは親と話したがらないわけです。

そのうえ、かまってほしくはないけれど、無視されるのは我慢ならない。思春期の子どもというのは、そういう矛盾だらけの存在だと、親は理解しましょう。

危なっかしくて見てられないと思っても、ぐっと我慢してください。無理に追いかけたり、言うことを聞かせようとしないで、「困ったことがあったら、いつでも頼りなさい」とだけ伝え、どっしり構えていればいいのです。時が来れば、必ず落ち着くものですから。

勉強第一でなくても良い

2020年、新型コロナウイルスの感染拡大を防ぐため、多くの学校が休校になりました。それまでは学校に行くことが当たり前でしたから、突然の休校によって、「学校に行かないと何が起きるか」という現象が目の前に現れました。

すると、学校が果たしている機能には、大きく分けて2つあることが見えてきたのです。一つ目は、知育。二つ目は社会性の育成です。

知育は、知的能力を育て、知識を習得させるための教育で、学校でいう授業にあたります。もう一つの社会性の育成は、クラスや部活動、委員会といった集団の中で、友だちや仲間を作ったり、さまざまなパワーバランスを経験すること。そして、集団の中で自分の身の振り方を体験的に学ぶことによって、大人社会で生き残れる技術を身につけることです。

この社会性の育成は、小中学生にとって、知育と並んでとても重要です。

ところが、「学校は勉強をするところ」という思いが強い親御さんは、どうしても勉強を最優先する傾向があります。

たとえば、部活動と勉強の両立に子どもが悩んでいるときに、つい「いまは勉強第一でしょう。部活はその次！」などと言ってしまいがちです。しかし、そんなことを言えば、さらに反発を強くするだけでしょう。

子どもだって、勉強しなくてはいけないとわかっているけれど、両方をするには時間がなくて困っているのですから。

こんなときは思い切って、部活動を優先させてあげればいいと思います。

試合や大会で良い成績を残すためには、しっかり練習しなくてはいけません。手を抜けば後悔が残ります。それが原因で、人間関係が変わり、学校生活そのものに影響する場合もあります。

たとえ、まとめて勉強する時間が減っても、やる気があるのなら、ちょっとした空き時間に集中してやることもできるのです。

また、寝る時間を削ってまで勉強させるのはよくありません。成長期にある子どもにとって睡眠は重要です。最低でも6～7時間は眠れるような生活を整えてあげてください。

宿題や試験勉強が終わっていない場合も、深夜までやるのではなく、早起きしてやるような習慣づけをしましょう。

親が考えている以上に、子どもの毎日は多忙です。精神的にも肉体的にもあっぷあっぷしているときは、あれもこれもと完璧を求めないことです。テストが重なったときなどは、一つか二つくらいひどい点数があっても大目に見てやりましょう。

そのとき、そのときに一番頑張るべきことに力を注がせ、それほど影響のない勉強には目をつぶる……。そういうメリハリのある態度は、日々、子どもの生活を見ている親だからこそできることではないでしょうか。

そして、**子どもにとっても、限られた時間をどうやって有効に使うか、タイムマネジメントを学ぶチャンスにもなります。**

また、中学受験の際に、「受験勉強が本格化するので、習い事は辞めさせるべきでしょうか」といった質問を受けることがあります。

これに関しては、本人の息抜きになっている場合と、そうでない場合があります。たとえば、ピアノにしてもサッカーにしても、本人にとってそれが息抜きになっているのであれば、それを続けた方が勉強も効率的に進みます。

誰にとっても一日は24時間なのですから、その中で自分が選択していくしかないのです。

同性の子、異性の子

ある年齢までくると、女の子は父親と、男の子は母親と入浴しなくなります。「○歳からは混浴禁止」という決まりがあるわけではないのに、ごく自然に、「もう一緒は嫌」となるのです。

また、「お父さんの洗濯物と私の服を一緒に洗わないで！」とか、「お母さん、人前で僕に話しかけないでよね！」というように、異性の親を毛嫌いし、遠ざけようとすることもあります。

これは大人の体へ成熟しつつある思春期、反抗期に始まる健全な反応であるということができます。

なぜなら、異性の親子が親密になりすぎると近親相姦が起き、遺伝子に異常を抱えた子孫が誕生する可能性があるからです。そのため進化の過程で密接になりすぎないグループの子孫が繁栄したのでしょう。繁栄したグループは本能的に親子間の距離を取る人達であり、その本能は倫理という形で世代を超えて引き継がれています。異性の親との距離感が変わってきたら、子どもが自立し始めたサインです。子どもには親離れの本能がプログラムされています。

親には、子離れを意識してほしい

ところが、親の方には子離れの意識がありません。

そのため、いつまでも友だちのような仲良し親子、あるいは疑似恋愛のようなことをしたがる親もいて、それを子どもの方が本能的に避けると、ショックを受け、寂しい気持ちになるのです。動物は、子を産んである程度の時期が来ると、死に向かいます。子どもに生殖機能が備わる頃には親が死んでいることも多く、子離れの本能は必要ありません。

しかし、人間は長生きです。子どもが成人しても、結婚しても、孫が生まれても、さらにはひ孫が生まれてもまだ生きていて、ずっと子どもの動向を気にしているわけです。ですから、**親は「子離れ」をしっかり意識する必要があります。**密着した子育ては、子どもにとって重荷になり、ますます親から離れていく原因にもなります。それだけではなく、自立を妨げる危険性もはらんでいるのです。

中学受験をするご家庭の親御さん、特にお母さんは、密着型の子育てをしている方が多いようです。だからこそ、中学入学をきっかけとして、密着した子育てを卒業し、親自身の人生を楽しむように、生き方をシフトしてほしいと思います。仕事でも趣味でも、親が何かに打ち込んで、生き生きとしている姿は、子どもに良い影響を与えます。

親が心配そうに後ろをついていかなくても、子どもはたくましく道を切り開いていきますし、助けが必要なときはちゃんと頼ってきます。そのときに、必要であれば手を貸してやればいいのです。

自分が70歳になっても、我が子のパンツを洗い、我が子の食事の支度に追われることのないよう、親は子離れを意識し、価値観の根っこを「一日も早い自立」に置くことが大切と考えましょう。

ゲームは自由と責任で遊ぶ

「子どもがゲームに熱中しすぎる」「ゲームをやめさせたいが、言うことを聞いてくれない」といった悩みをたびたび耳にします。特に男の子を持つ家庭で、その悩みは深刻なようです。

今の時代、まるでゲームをやらせないというのは無理だと思いますが、時間を規制する必要があります。

「受験に合格したら、ご褒美としてゲームを買ってあげる」といって子どもに勉強させる親御さんも多いようですが、私は「それだけはやめてほしい」と、開成の合格者説明会で話してきました。

2月の初めから半ばくらいに合格発表があって、4月の入学までには2か月弱あります。その間に特にやることがないからといってゲームに熱中すると、昼夜が逆転してしまうのです。

いったん昼夜逆転すると、普通の生活に戻すのは至難の業です。すると、入学の頃には長期欠席の始まりみたいなことも起きてくるわけです。

合格のご褒美にもらったゲームが原因で、登校できなくなるなんて、本末転倒もいいところでしょう。絶対に避けなくてはなりません。

ゲームに関しては、「○時間やっていい」ではなく、たとえば「9時まではやっていい」というように、子どもの生活時間をある程度規則正しくするのがいいでしょう。

また、中学生になれば論理がわかるので、「朝、起こされなくても自分で起きられるのだったら、何時までと自分で決めてやってかまわない」「でも、自力で起きられないのなら、

9時以降はやってはいけない」というようなルール作りもあります。

それは、「自由と責任の関係」です。朝起きるというのは大人としての責任で、それをきちんと果たせるようになったのなら、大人としての自由を享受していいということです。

スマホは完全に親の監視下に置く

「子どもといえどもプライバシーに配慮して、スマホの中身は決して見ません」という親御さんがいます。しかし、この考え方は間違っています。

スマホの中身は、親がいつでも確認できるようにするのが正しいのです。

それは、「親が中身を見る権利」があるからだけでなく、「親には中身を見る義務」があるからです。

決して過干渉ではなく、子どもを保護するためにも、中身を確認できるようにしなくてはいけません。

残念ながら、インターネットにはさまざまな有害情報があり、いくらフィルタリングの設定をしても、１００％、不安材料をブロックすることはできません。なぜなら、だまそうとする側は、あの手この手で忍び寄ってくるからです。

また、友だち同士でのコミュニケーションの中から、いじめや犯罪に発展する危険性も十分に考えられます。そうした火種も、親が確認すれば早期に対処できるでしょう。

さらに、ＳＮＳに、不適切な画像や動画、発言を投稿することで大きな問題に発展するケースも増えています。

子どもには、インターネット空間にアップロードすることは、世界に向かって大声で叫ぶのと同じことなのだと自覚させなければなりません。

私が生徒にそれを説明する際には、内側と外側をたとえに話をします。

入浴時には裸になるけれど、道路では裸になりませんね。道路で裸になれば法律に抵触します。つまり、自分たちの生活には内側と外側があるのです。

ところが、**インターネットの空間では「内側に入り込んでしまった外側」が存在します。**

本人としては、内輪のつもりでも、世界中の人が閲覧できてしまうのがインターネットの世界なのです。

さらに、インターネット上で公開された書き込みや個人情報などが拡散してしまうと、完全に削除するのは不可能です。「デジタルタトゥー」として、長く本人を苦しめる原因になります。

子どもはスマホのこと、アプリのことは、親よりもずっとよく知っています。だからといって、そこでたじろいではいけません。

親がお金を出している以上、どんなふうに使っているか知る権利があるのだと、子どもにしっかり伝えましょう。もし、中身を見られるのが嫌なら、自分で稼いでスマホを契約できるようになればいいのです。

ただし、スマホを買い与えて、自由に使わせたあとで、あれこれ制約を加えるのでは遅すぎます。

スマホを渡す前に、使用時間は○時まで。部屋にスマホを持ち込んで使ってはいけない。

パスワードは親が管理する。これらの約束が守られなければ使用を禁止して一定期間没収する……などのルール作りをすることが、何より大事です。

子どもの失敗に一喜一憂しない

大切な試験や受験、部活動の大会など、子どもが一生懸命に取り組んでいることは、親も一緒に応援したくなりますね。

しかし、親の熱が入りすぎて、「もっとやらなくていいの？」「本当に大丈夫なの？」などとしつこく聞くのは、よろしくないでしょう。

ここ一番の勝負の前に、最もナーバスになっているのは子ども自身です。

それなのに、追い打ちをかけるように、ネガティブな言葉を言われれば、気分が落ち込んでしまいます。その結果、ネガティブな結果になってしまったら本末転倒ですね。

親ができるのは、プレッシャーをかけて奮起させることではなく、子どもをリラックスさせて、ほどよい緊張感で臨ませてやることです。

そして、**大切なのは、「結果よりも頑張った過程」**でしょう。

人生の中には、幾度となくチャレンジの場面が訪れますが、良い結果ばかりではなく、悔し涙に暮れることもあるでしょう。

でも、力を尽くしてチャレンジすることで、子どもは成長しています。それが、将来大人になって生きていくうえで、何よりの宝物となるのです。

ですから、思うような結果が出なかったときも、親が落ち込んではいけません。誰より落ち込んでいるのは子ども自身です。

自分ががっかりしているうえに、親の落ち込みまで加わったら、子どもはたまりません。

「ああ、○○くんは合格したのに、悔しい」「あのとき、○○すれば勝てたんじゃないの」といった愚痴は、傷口に塩を塗るだけでしょう。

こういう発言は、決して「悔しいから次はもっと頑張ろう」というモチベーションにはならず、「頑張ったって自分にはしょせん無理なんだ」という敗北感を与えて、さらに、自分の気持ちを理解してくれない親に対して不信感を募らせるだけです。

子どもの成長を促すのは、垂直比較であり、他人と比べる水平比較ではありません。

結果はどうあれ、その子が頑張ったという部分に光を当ててほめてやるのが、そばで見ている親ができること、すべきことです。

「苦手な科目を重点的に勉強したから、前回より点数が伸びたんだね。よく頑張ったよね」

「朝寝坊のあなたが、朝練を一日も休まずに続けたのは、すごいことだと思う」

という具合に、できるだけ具体的にほめてあげると、子どもは励みになります。

失敗は終わりではありません。失敗は必ず取り戻せるのです。

志望校に入れなくても、第二希望の学校で頭角を現す子などいくらでもいます。また、試合に負けたからこそ、その悔しさが身にしみて、良き先輩になり、リーダーとしての実力をつける子どももいます。

失敗から子どもが何を学ぶのか。どうやって自信をつけて成長するのか。それを導いてやるのが家庭教育ではないでしょうか。

成功したときに反省することは、あまりないでしょう。だから、失敗したときこそ「成長のチャンスだ！」と理解し、親は前向きに対応すればいいのです。

いじめ問題。そのときに親がすべきことは

身もふたもない言い方かもしれませんが、いじめを１００％なくすことはできません。

もちろん、多くの学校では定期的にアンケートをとるなどして、いじめがないかを調査しています。

いじめをしている生徒、いじめを受けている生徒、いじめを目撃した生徒、それぞれが相談をしやすいように態勢も整え、可能な限りの対応をしています。

しかし、いじめは学校の中だけでなく、放課後、ＳＮＳのコミュニケーションの中で行われることも多く、すべてを把握しきれません。集団で過ごせば、何かしらのいじめが発生す

ることは、防ぎようがないのです。

それは大人社会を見るとわかりますが、大なり小なり、ハラスメントや嫌がらせのようなものが存在します。

つまり、子どもの世界でいじめが起きるのは、大人社会の縮図と言えるでしょう。

だからこそ、「いじめはある」という前提で、日々、子どもと接することが大切になってきます。

たとえば、子どもがいじめを受けた場合、それをすぐ親に話すことはありません。親に心配をかけたくない、自分がいじめられるような弱い人間だと思われたくない、などといった思いから、隠そうとするケースがほとんどです。

しかし、子どもの様子を注意して見ていれば、親は変化に気づくものです。

朝、学校に行くときの様子が何となく違う、体調、服装や持ち物の汚れ、お金の使い方、帰宅したときの様子、元気のなさなど、何かしらの変化が見えるでしょう。

とはいえ、ストレートに「いじめられているの？」などと聞いてはいけません。たいていの場合、「いじめられてない」と答えます。

そして、一度こう答えてしまうと、いじめがエスカレートしても本当のことを打ち明けにくくなってしまうのです。

ですから、「最近、ちょっと元気がないみたいね」とか、「心配事があるんじゃない?」のように、さりげなく聞くといいでしょう。無理に聞き出そうとしないのが大切なポイントです。

そして、いじめられていると告白があったときは、「こうすればいいんじゃない?」「ああすればいいと思う」のような助言はしないことです。

間違っても「あなたにも原因があるのでは?」とか、「やられたらやり返しなさい!」などと言ってはいけません。これでは、「原因があればいじめてもいい」「やられたのなら、あなたもいじめればいい」と、いじめの肯定になってしまいます。

さらに、我が子がいじめられたことが可愛そうで、相手の親に直接抗議してしまう親もいます。

しかし、親が抗議したことで物事が良い方向に進展することはありません。それどころか、さらに我が子が窮地に追い込まれる場合があるのです。

まずは、子どものつらい胸の内を、だまって全部聞いてやりましょう。

そのうえで、「そんなことがあったの。つらかったね。悲しかったね」と、子どもの気持ちを全部受け止めて、「お父さんもお母さんもあなたの味方だから。あなたを守るからね」と、言葉に出して伝えます。

そして、親が直接、当事者に立ち向かったりせず、学校やカウンセラーに相談するのがいいでしょう。もちろん、命に関わるような緊急事態の場合は、この限りではありませんが。

いじめはない方がいいに決まっていますが、もし、あるとするなら、それを糧に子どもが成長できるような環境作りをするのが親の仕事です。

また、日頃から子どもが親に話しやすい環境を整えておくことが、いじめの深刻化を防ぐ助けになります。

お金のトラブル、親の関わり方

お金の貸し借りが原因で人間関係にひびが入ったといった話はよくありますが、子どもの世界でも、金銭トラブルは珍しくありません。

そこで、**「友だち同士でお金を貸すのも、借りるのも絶対にダメ」というルールを家庭で徹底させるのが重要です。**

小学生の場合はたいてい、お菓子やジュースなどを買いたいのにお金がない、お金が足りないといったときに、貸し借りが発生します。高額な貸し借りではありませんが、小さいうちから貸し借りを覚えてしまうこと自体が問題になってきます。

なぜなら、中学生、高校生と年齢を重ねるごとに金額が大きくなり、それをきっかけに、いじめや犯罪に発展する危険性もあるからです。

お金の貸し借りで起きるトラブルは、「貸したのに返してくれない」というパターンが多いようです。

借りた方は忘れてしまったり、返すのが嫌で、忘れたふりをすることもあります。

そんな状態でいると、「どうして返してくれないんだろう」「返してって言ったら、ケチだって思われちゃうかな。言いにくいな」などと、貸した側はずっと心がもやもやしてしまいます。その結果、人間関係がうまくいかなくなることがあります。

もし、どうしてもその場で貸し借りをしなければならなくなったとしたら、必ず親に報告するように決めておきましょう。

そして、小学生のうちは、双方の親が、お金の貸し借りがあったことを知っておくようにします。たとえば、子どもから貸し借りの報告を受けたら、子どものいる前で相手の親に連絡をします。双方の親が事実関係をきちんと把握していれば、トラブルを未然に防げるはずです。

「たかが、10円や20円のことで、いちいち親が出て行くなんて……」と思うかもしれませんが、小さな頃から「お金の貸し借りは大変なことなんだ」「きちんとしなければいけないんだ」と覚えておくことが大切なのです。

中高生のいじめや暴力事件では、金銭トラブルが原因というケースも多くあります。中学にもなると、「貸して」というひと言が「カツアゲ」になってしまうこともあるのです。

いじめと同じで、子どもにとっては、貸し借りのトラブルも親には言い出しづらいことですから、数か月に一度くらいは、「友だちに借りた物とか、貸した物とかはない？　トラブルの元だから、ちゃんとしなきゃだめよ」という具合に、さりげなく聞いてみるのもいいでしょう。

万一、繰り返し、お金を持ってくるように脅されていることなどがわかったら、必ず学校や専門機関に相談しましょう。深刻な問題なので、決して子ども一人で対応させず、親がしっかり子どもを守ってやらなければいけません。

「これがうちのルールです」と断言する

たとえば、子どもの門限を午後9時に決めているとしましょう。

しかし、友だちの家の門限がゆるい場合、

「9時が門限なんて、うちだけだよ。他の子の親は誰もそんなこと言わないよ」などと、不満を言い出すことがあります。

子どもは、自分の主張を通したいときに、「みんなやってる」「みんな持ってる」「違うのはうちだけ」と話すのが得意です。

そう言われて、「みんながそうなら……」と許してしまう親御さんもいますが、家のルールはその家の法律ですから、変える必要はありません。

もちろん、塾などで遅くなる場合は臨機応変に対応しますが、基本のルールはしっかり押さえておきましょう。

「よそはよそ。うちはうちのルールだから、守らなきゃダメ」

と言い切っていいのです。

そのためには、日頃から「〇〇さんは、毎日3時間も勉強しているんだって。あなたも頑張りなさい」などと、口にしてはいけません。

都合のいいときだけ、他の人と比べるくせに、都合が悪くなると「よその家は関係ない」というのでは、説得力がありませんからね。

また、さまざまな家庭のルールを決めるときは、親が一方的に通達するのではなく、本人を交えて話し合いをして、納得のうえで決めるようにしましょう。そうすれば、「自分で決めたことなんだから、守らなければいけない」という意識が生まれるはずです。

そして、**門限に関しては、厳しいくらいの方がいいと思います。なぜなら、未成年が遅い時間外をうろついていいことは何もないからです。**

深夜に出歩いていたローティーンの子ども2人が拉致され、殺害された事件もありました。

たとえ友だちと一緒でも、夜に子どもが出歩くと、予期せぬトラブルに巻き込まれる危険があるのです。

ですから、連絡なしに門限を過ぎたときには、しっかり叱ることも必要です。

そのときには、感情にまかせて怒るのではなく、「あなたのことが大切だから、こんなに心配している」という思いが伝わるように叱りましょう。

叱る時間は1分以内

ある事柄について注意しているうちに、ついヒートアップして、関係ないことまで引き合いに出して長々と叱ってしまった……。みなさんにはそんな経験がないでしょうか。

でも、子どもが真剣に聞いていられるのは、だいたい1分くらい。つまり、殊勝な顔をして黙って叱られていたとしても、1分を過ぎたら、話は右から左に抜けているのです。

子どもは頭の中で「早く終わらないかなあ」と思っているかもしれないのに、親が必死に熱弁しているなんて、馬鹿馬鹿しいと思いませんか。

叱るというのは「しつけ」をすることです。つまり、親の思いがきちんと伝わらなくては意味がありません。

そこで、きちんと伝えるためには、1分以内で話すように心がけてください。

1分以内で言いたいことをすべて即興で言える人はいませんから、あらかじめ「これとこれは話しておこう」とシナリオを準備しておくといいでしょう。

話すことを決めておけば、いたずらに感情を爆発させて、声を荒らげる心配もありません。

そして、親は、一方的に言いたいことを言って満足してはいけません。

もし、子どもがふて腐れていたり、明らかに聞いていないとわかる場合は、「どうしてお母さんがこんなふうに話しているか、わかる?」「どうしてダメなのか、その理由を言ってごらん」というように、子どもの言葉を引き出すのも大切です。

片方の耳から入って、反対の耳から小言が抜けていくのではなく、自分なりの言葉を口から出させる。ある意味、アクティブ・ラーニングですね。

また、お母さんだけでなく、お父さんに叱ってもらうというのもひとつの方法です。どちらかといえば、男性の方が手短かに叱りますし、女性とは違った視点で叱ることもできます。ただ両親で同時に叱るというのは、緊急、重大な場合を除いて、感心できません。子どもに逃げ場がなくなってしまうからです。ボケとツッコみの役割分担をして、子どもが心を閉ざさず、叱られている内容を咀嚼できる逃げ場を用意してあげることが重要です。

大切なのは、親の価値観がしっかり子どもに伝わることです。

また、自分の子ども時代はどんな叱られ方をしたか、どういう言葉が心に残っているかなど、時々思い出してみるといいでしょう。

楽しく学校に通えればいい

みなさんのお子さんは、毎日楽しく学校に通っていますか。

楽しく学校に通えているというのは、自分の居場所が学校にあるということです。居場所とは、「そこに行けば自分が受け入れられている」と感じられる場所のことで、教室だったり、部活動だったり、委員会活動だったり、人それぞれ違うものです。

でも、それがどこであっても、居場所があれば、自然にそこに行きたくなるので、学校に通うのが楽しいわけです。

反対に、居場所を見つけられず、学校生活を心から楽しめない子どもも少数います。彼らが居場所を見つけられない要因の一つに、自己肯定感の低さがあります。

「こうあるべき」という像が自分の中にあるけれど、それに比べて今の自分は至っていない……。それが自己肯定感の低さです。

では、今ある自分をどうやって認識しているのでしょうか。

それは、社会の評価と自分の評価。また、第三者の自分に対する評価と、自分が自身に下す評価を比べるわけです。

両者が近ければ近いほど生きやすく、乖離していると不適合が起きます。

自己評価が高く、他者の評価が低いと、「自分はもっと評価されるべきだ」と不満に思いますし、自己評価が低く、他者の評価が高いと、「自分なんてダメなのに……」と卑屈に感じてしまいます。

どちらの場合も、ありのままの自分を、かけがえのない存在として肯定的に受け止められません。そのため、社会の中でうまく適応できず、居場所を見つけられないのです。

この差を縮めるには、さまざまなことにチャレンジして、自分の力を正しく知ることが必要でしょう。

たとえば、陸上選手で「私は１００メートルを10秒前半で走れる」と思っている人がいるとしましょう。

この人が、何度も何度も走ってタイムを計って、10秒後半から11秒台のタイムだったとします。すると、「自分の走る力はこれくらいなんだな」と、受け入れることができます。

これは、何度もチャレンジしたからこそ得られるのです。

しかし、理想の自分を壊したくない、否定したくないからといって、チャレンジを避けたとしましょう。するとこの人は、不安を抱えながらも、「自分は能力が高いんだ」と思い込み、まわりからは自信過剰な人という目で見られます。これではうまく社会になじめず、居場所を確保できません。

また、親の影響で、自己肯定感が低いというケースもあります。

自分の果たせなかった夢を、子どもで果たそうと過度な期待をかけたり、まわりの評価を気にして、「もっと頑張れ！」と尻を叩くような親です。

こういう親は、ありのままの我が子を受け入れていないわけです。だから自己肯定感が育まれないのです。

親の仕事は、子どもをありのまま受け入れて、その子の特性をほめて伸ばすことではないでしょうか。他の子と比べるのではなく、我が子の中の才能の凹凸から、尖った部分を見つけ、それをもっともっと伸びるように後押しすることが大切だと思います。

自己肯定感が高まれば、どこにいても自ずと自分の居場所を見つけ、そこからのびのびと成長できる人間になります。

それが本当の意味での、子どもの幸せではないでしょうか。

本書は書き下ろしです。

装幀／国枝達也
編集協力／幸運社、松島恵利子

柳沢幸雄（やなぎさわ・ゆきお）

東京大学名誉教授。北鎌倉女子学園学園長。前・開成中学校・高等学校校長。
1947年生まれ。開成高等学校、東京大学工学部化学工学科卒業。71年、システムエンジニアとして日本ユニバック（現・日本ユニシス）入社。74年退社後、東京大学大学院工学系研究科化学工学専攻修士・博士課程修了。ハーバード大学公衆衛生大学院准教授、併任教授（在任中ベストティーチャーに数回選ばれる）、東京大学大学院新領域創成科学研究科教授。シックハウス症候群、化学物質過敏症研究の世界的第一人者。2011年から開成中学校・高等学校の校長を9年間勤めた後、2020年より現職。主な著書に『男の子を伸ばす母親が10歳までにしていること』（朝日新聞出版）、『子どもに勉強は教えるな』（中央公論新社）など多数ある。

尖った子どもに育てなさい
――激動の時代を生き抜く「強み」の見つけ方

2021年4月25日　初版発行

著　者　柳沢幸雄
発行者　松田陽三
発行所　中央公論新社
〒100-8152　東京都千代田区大手町1-7-1
電話　販売 03-5299-1730　編集 03-5299-1740
URL　http://www.chuko.co.jp/

ＤＴＰ　今井明子
印　刷　大日本印刷
製　本　小泉製本

Published by CHUOKORON-SHINSHA, INC.
Printed in Japan　ISBN978-4-12-005423-5　C0037
定価はカバーに表示してあります。
落丁本・乱丁本はお手数ですが小社販売部宛にお送りください。
送料小社負担にてお取り替えいたします。

子どもに勉強は教えるな
東大合格者数日本一
開成の校長先生が教える教育論